Mike Yaconelli
Der ungezähmte Glaube

Edition
AUF:ATMEN

Mike Yaconelli

Der ungezähmte Glaube

Warum Christsein ein Abenteuer ist

R. BROCKHAUS VERLAG WUPPERTAL

Die Edition A U F:A T M E N
erscheint in Zusammenarbeit
zwischen dem R. Brockhaus Verlag Wuppertal
und dem Bundes-Verlag Witten
Herausgeber: Ulrich Eggers

Die amerikanische Originalausgabe erschien
unter dem Titel DANGEROUS WONDER bei Nav Press,
einer Abteilung der Navigators, U.S.A.
© 1998 by Mike Yaconelli

Deutsch von Renate Graßl

© der deutschen Ausgabe: R. Brockhaus Verlag Wuppertal 1998
Umschlag: Dietmar Reichert, Dormagen
Gesamtherstellung: Breklumer Druckerei Manfred Siegel KG
ISBN 3-417-24407-2 (R. Brockhaus V.)

Bestell-Nr. 224 407 (R. Brockhaus V.)

INHALT

Für Karla, meine Frau, die mich in die Nähe
des gefährlichen Jesus geliebt hat, in ein Leben,
das meine wildesten Träume noch übertrifft.

Ein Vorwort, das Sie lesen sollten

Im Sommer 1994 kamen in einem christlichen Einkehrzentrum am Golf von Mexiko dreizehn Männer zusammen. Das Wetter war typisch für die Jahreszeit dort: heiß und schwül. Wir waren der Frage eines gemeinsamen Freundes gefolgt, der uns einlud – Menschen mit sehr unterschiedlichem Hintergrund, die einander nicht kannten –, Gemeinschaft im Glauben an Jesus Christus zu finden. Vielen Männern fällt es schwer, mit anderen Männern zusammen zu sein, die sie nicht kennen. »Männerfreundschaften« sind oft nicht das, als was sie gepriesen werden, und wir fühlten uns einer gegenüber dem anderen gehemmt, unsicher und unbeholfen.

Ein Teilnehmer hielt sich sehr im Hintergrund. Sein Schweigen hatte aber nichts mit Schüchternheit zu tun, es wirkte eher beobachtend. Er sagte nicht viel. Er hörte zu. Damit machte er uns andere ein bisschen nervös, denn es wurde klar, dass er nicht nur unseren Worte zuhörte, sondern auch dem, was dahinter stand.

An einem Abend, als die stickige Schwüle Schlaf unmöglich machte, entschloss ich mich zu einem Strandspaziergang vor unserem Zentrum. Da lief ich beinahe diesem Mann in die Arme, der immer geschwiegen hatte. Als ich vorbeigehen wollte, sah er auf und sagte: »Ich glaube, wir könnten Freunde werden.« Das war einer der wenigen Momente in meinem Leben, in denen ich sprachlos war. Völlig verblüfft stand ich einen Moment da und versuchte nur, den Sinn seiner Worte zu erfassen. Er hatte mit Autorität gesprochen und mir wurde klar, dass er Recht hatte. Sein Name war Devlin Donaldson.

Devlin ist ein großer Mann – und zu seiner Größe muss man sich noch einen Pferdeschwanz und einen zottigen Bart hinzudenken. Er kann beinahe Furcht einflößend wirken. Wir setzten uns auf einen alten Landungssteg und redeten stundenlang. Ich erwartete laute Töne – und bekam die leisen. Ich erwartete Selbstvertrauen und Stärke – und bekam Demut und Gebrochenheit. Devlin arbeitete für eine internationale Gesellschaft, die arme Kinder in aller Welt unterstützt. Es war sein Einsatz für Jesus, in dem er sich »ruinierte«.

Ich mag Menschen, die sich von Jesus »ruinieren« lassen. Ihr Herz trägt lauter Narben der Liebe Gottes. Und ich mag Devlin

Donaldson. Damit nicht ein falscher Eindruck von ihm entsteht – er kann ebenso zuhören wie ausgelassen sein. Er ist nicht nur sanft, liebevoll und einfühlsam, sondern auch stürmisch, verrückt und unglaublich kreativ.

»Wir sollten ein Buch über kindlichen Glauben schreiben«, platzte er eines Abends heraus. »Ja genau!«, rief ich. »Was wir dafür brauchen, ist ein Verleger. Soweit ich mich erinnern kann, marschiert man nicht einfach in ein Verlagshaus und bekommt 'nen Vertrag.«

»Kein Problem«, meinte er. »Ich krieg den Vertrag.« Zwei Jahre später rief er mich an und sagte mir, wir hätten jetzt einen Vertrag für ein Buch über kindlichen Glauben.

Jetzt hatten wir einen Vertrag, aber kein Buch. Wir wollten das Buch gemeinsam schreiben, aber wegen einer Reihe von logistischen Schwierigkeiten lief es schließlich darauf hinaus, dass ich das Buch schrieb – ohne ihn. Doch Devlin Donaldson hatte den Anstoß gegeben. Intuitiv fand er einen Weg, wie er meine seltsamen Anschauungen über das Evangelium unter ein Stichwort packen konnte, das Sinn machte – die Idee des kindlichen Glaubens. Hätte er mir nicht auf seine demütige Art immer wieder Mut gemacht und mich bestärkt, wäre dieses Buch nie entstanden.

Mein weiterer Dank gilt Liz Heaney, meiner Lektorin, die Haare auf den Zähnen hat und in der Verlagswelt als kriegerische Lady bekannt ist. Doch mich ließ sie diese Eigenschaften nicht spüren. Vielmehr setzte sie gleich einem Chirurgen mit viel Vorsicht ihr Skalpell an meinem Manuskript an, mit Systematik und großem Können. Sie war für mich Beraterin, Mutter, Freundin und Förderin.

Wie eine Lektorin mit einem Autor wie mir zusammenarbeiten kann, ist mir ein Rätsel. Während ich dieses Buch schrieb, war ich fordernd und doch wieder zögerlich, egozentrisch und unsicher, emotional schwankend und mimosenhaft, in einer Minute störrisch und eigensinnig, in der nächsten schwach und unentschlossen. Mike Yaconelli zu lenken ist nicht einfach, aber Liz Heaney schaffte es mit Würde und Einfühlungsvermögen. Die Entstehung eines Buchs gleicht der Entbindung eines Kindes (nur dauert es länger) und meines Erachtens war Liz Heaney eine wahnsinnig gute »Hebamme«. Durch und durch professionell, sehr genau, offen, fair und vor allen Dingen voller Leidenschaft für das Evangelium.

Mein unendlicher Dank gilt dem verstorbenen Henri Nouwen, Sue Mosteller und der ganzen L'Arche-Gemeinschaft in Toronto in Kanada, die mich erst auf diesen abenteuerlichen und spannenden Weg mit Jesus Christus gebracht haben.

Im Frühjahr 1998   Mike Yaconelli

Der Traum vom Fliegen – eine Einleitung

Als ich sechs Jahre alt war, war meine liebste Comic-Figur Superman. Ich bewunderte seine Kraft, seinen Röntgenblick, seinen farbenprächtigen Anzug und den knallroten Umhang. Doch die Eigenschaft, die meine Phantasie am meisten beflügelte, war, dass er fliegen konnte. Viele meiner Kindheitsfantasien drehten sich ums Fliegen. Ich wollte fliegen!

Ich glaubte wirklich daran, dass Fliegen irgendwie möglich war. Ständig überredete ich meine Freunde, »Superman« mit mir zu spielen, und sie machten auch eine Weile mit; aber bald wurde ihnen das Spiel langweilig, denn ich ließ niemanden anders Superman sein. Nur einer durfte Superman sein – und das war ich! Schließlich, so sagte ich ihnen, wusste niemand über das Fliegen so gut Bescheid wie ich.

Immer wieder schlich ich mich in unser Badezimmer und machte mich über den Stapel der »verbotenen« Handtücher her (es waren die dicken, neuen Handtücher, die nur für unsere Gäste waren). Wieder draußen, das Handtuch um den Hals gebunden und eine Staubwolke hinter mir herziehend, rannte ich, so schnell ich konnte, und sprang vom höchsten Punkt, den ich noch überleben konnte. Mit ausgebreiteten Armen, wallendem »Umhang« und dem Brausen der Luft in meinen Ohren glaubte ich, ich würde fliegen.

Dann kam der Tag, an dem ich – ohne Vorwarnung, ohne Anlass – aufwachte und wusste, ich würde nie wieder einen solchen »Umhang« tragen. Ich weiß nicht, woher das Wissen kam – es war da; und von diesem Moment an war mir klar, dass Fliegen nichts als eine Kinderfantasterei war. Ich würde nie fliegen können – und es gab auch keinen Superman.

Im Rückblick war dieser Tag der »Erleuchtung« ein sehr trauriger Tag. Heute weiß ich, dass an diesem Tag etwas in mir starb. Was es auch gewesen sein mag, es war der Stoff, aus dem die Träume und Fantasien sind – der Ort, an dem Tanzen, Singen, Lachen und Spielen wohnen. Sogar mit sechs Jahren begriff ich, dass das Fliegen nicht der Punkt war; es ging um das Gefühl zu *leben*, als ich »flog«; es war die Stimme, die ich tief in mir hörte – eine warme, liebevolle

Stimme, eine lebendige, vertrauensvolle Stimme und zugleich eine wilde und gefährliche Stimme. Jedes Mal, wenn ich diese Stimme hörte, wusste ich, wer das war: Gott. Aber an diesem Tag, als ich gerade erst sechs Jahre alt war, wurde ich dieser Stimme gegenüber schwerhörig.

Tief in uns ist eine Stimme. Sie spricht unaufhörlich und klopft dabei an die Tür unseres Gewissens. Solange wir Kinder sind, ist diese Stimme sehr laut (wie bei mir). Mit bestürzender Klarheit erschüttert sie unser Bewusstsein. Ihre Lautstärke ist nicht wie die eines Zuges oder eines Düsenjets. Sie ruft mit einem Flüstern. Sie ist wie der Wind, der durch ein Margeritenfeld fährt und die Blütenblätter wie in einem Schneesturm durch die Luft wirbelt. Sie ist wie das Echo von tausend Flöten, das mitten im Wald erklingt. Diese Stimme unserer Kindheit ist die Stimme von Verzauberung und Staunen, die Stimme Gottes, die immer schon zu uns gesprochen hat, sogar schon bevor wir geboren wurden.

Doch an einem traurigen Tag merken wir plötzlich, dass etwas fehlt. Wir können die Gottesstimme nicht mehr hören, wir sind mit der Stille allein – aber nicht mit einer ruhigen, sondern mit einer brüllenden Stille.

Gottes Stimme nicht mehr hören zu können, war nicht unsere Absicht. Und tatsächlich sprach Gott auch weiterhin. Aber unser Leben wurde lauter. In dem Crescendo unserer Besitztümer, dem durchdringenden Lärm der Geschäftigkeit und der nervtötenden Lautstärke unserer endlosen Aktivitäten ging die feine, leise Stimme Gottes unter.

Die meisten können nicht genau sagen, wann es passiert ist, aber wir wissen, dass es passiert ist. Als uns bewusst wurde, dass die Stimme Gottes nicht mehr da war, starb vieles in uns. Idealismus und Unschuld starben als erste. Und verstreut über den vernarbten Boden unseres Herzens konnte man die vertrockneten Reste unserer Träume, Spontaneität, Begeisterung und etwas von unserem *wirklichen* Selbst sehen, von der Person, als die wir geschaffen sind.

Was ist mit unserer Lebendigkeit passiert? Wie ist es möglich, dass wir erwachsen wurden, zwölf, fünfzehn oder noch mehr Jahre Ausbildung genossen, heirateten, Kinder bekamen, jahrzehntelang arbeiteten – und doch niemals wirklich lebten? Wie ist es möglich, dass wir unser Leben mit Klarheit und Begeisterung, Staunen und Spontaneität beginnen konnten, uns aber plötzlich in der Mitte oder am Ende unseres Lebens wiederfinden, abgestumpft, trübe, lustlos und ohne Begeisterung?

Der Tod des Herzens vollzieht sich niemals schnell. Es ist ein langsames Sterben, eine Folge vieler kleiner Tode, bis wir eines Tages aufwachen und Gottes Stimme kaum noch hören, seine Liebe kaum noch spüren und das Abenteuer eines Lebens mit ihm kaum noch erfahren können.

Wo ich lebe, im Schatten des Mount Shasta, gibt es ein Tal, das mit Lavaresten eines längst vergangenen Vulkanausbruchs bedeckt ist. Es ist das Gebiet von Siskiyou County in Nordkalifornien. Die Viehwirtschaft überwiegt und überall trifft man auf Kühe. Bei einem Verkehrsunfall mit einer frei herumlaufenden Kuh ist der Fahrer nach unseren lokalen Gesetzen für den Tod des Tieres verantwortlich. Zwar haben viele Ranches großräumige Einzäunungen, aber zu viele Kühe schaffen es, immer noch plötzlich auf der Straße zu stehen. Eine Geschichte, die mir eines Tages ein alter Farmer erzählte, erklärt, warum die Kühe sich immer wieder auf die Straßen verirren:

Eine Kuh knabbert, mitten auf eine Wiese, an einem Büschel Gras. Sie geht von einem zum nächsten Büschel, und noch bevor man es merkt, steht sie plötzlich dicht am Zaun. Von dort sieht sie ein herrliches Fleckchen Grün auf der anderen Seite des Zauns, quetscht sich durch ein ungeflicktes Loch und befindet sich plötzlich auf der Straße. »Die Kühe wollen sich nicht verirren«, erklärte dieser Farmer. »Sie knabbern sich einfach ihren Weg und gehen verloren.«

Der Farmer wusste das nicht – aber das ist nicht nur bei Kühen so. Keiner von uns hat die Absicht, sich von den »grünen Weiden« der Stimme Gottes zu entfernen! Keiner will sein Herz auf eintönige, staubige Landstraßen schicken. Zuerst knabbern wir am Grasbüschel »Ausbildung«, dann am Grasbüschel »Heirat«, dann kommen Kinder, dann ein neues Haus, und eines Tages wachen wir auf und merken, dass wir uns auf unserem Weg ins Verlorensein geknabbert haben.

Fünfzig Jahre habe ich gebraucht, um zu erkennen, dass ich verloren bin. Dass es so war, wusste keiner, denn mein Leben sah ganz

anders aus. Liebes bisschen, immerhin war ich Pastor! Fünfundzwanzig Jahre hatte ich im kirchlichen Dienst verbracht. Die meisten meiner Tage hatte ich über Jesus geschrieben oder geredet.
Und trotzdem war ich verloren, verwirrt, seelisch und körperlich
müde und ausgelaugt. Ich hatte es zwar geschafft, Lebendigkeit vor-
zutäuschen, aber in Wirklichkeit war ich fast tot.

In meiner Verzweiflung nahm ich ein Buch von Henri Nouwen
mit dem Titel *»In the Name of Jesus« (»Seelsorge, die aus dem Herzen
kommt«)* zur Hand. Es war nur ein schmales Büchlein. Ich las es in
ein paar Stunden, aber das Lesen war dabei eigentlich unwichtig. Es
war das feine Klingeln in meinen Ohren, das mich aufmerksam
machte, als ich mit dem Buch fertig war. Ich hörte eine vertraute
Stimme. Nein, nein, sie war nicht akustisch hörbar, aber ich hörte sie
trotzdem. Es war die Stimme aus meiner Kindheit. Es war die un-
verkennbare Stimme Jesu. Er hatte mich gefunden! Er hatte sich
zwischen den Seiten von Nouwens Buch verborgen, und mein Herz
hatte vor Erwartung wild zu klopfen begonnen. Die dumpfe Gefühl-
losigkeit meiner Seele verschwand allmählich und ich merkte, wie
eine ganz neue, ungezähmte Art zu leben begann. Ich war voller
Freude und gleichzeitig voll Angst, denn ich wusste, wenn ich auf
diesen Jesus hören und ihm nachfolgen würde – wenn ich wie die
Jünger mein Fischerboot oder meine Zollstation verließ –, würde er
mich auf gefährliches Terrain führen, wo jeder Tag eine Erfahrung
von Gefahr und Staunen sein würde: das Abenteuer eines gefährlichen Staunens!

Ich hatte Recht. Vor fünf Jahren entschied ich mich, wieder auf
diese Stimme Jesu zu hören, und mein Leben ist seitdem nicht mehr
wiederzuerkennen. Jesus hat mir nicht gesagt, was ich tun soll; er
hat mir gesagt, wie sehr er mich liebt. Er hat nicht mein Benehmen
korrigiert, sondern er hat mich in seine Arme gezogen. Er hat mich
nicht vor den Gefahren des Lebens bewahrt, sondern hat mich an
einen Ort des wilden und beängstigend wundervollen Glaubens
geführt.

Dieses Buch handelt von den Eigenschaften, die eine Kindheit zu
einem Abenteuer machen. Wenn wir als Erwachsene diese Eigenschaften wieder entdecken und unsere Kindlichkeit neu begreifen,
stolpern wir über Gott – und wir sind verblüfft, wenn wir den Ort
finden, den alle Kinder kennen: Den Ort, wo wir wieder die leise

Stimme Jesu hören können. Für Jesus waren Kinder immer wichtig und er war auch wichtig für sie. Wenn wir den Ort des gefährlichen Staunens finden, kommt unser Herz zu neuem Leben und wir fühlen, dass wir an der Schwelle eines wunderbaren, geheimnisvollen neuen Lebens stehen.

Ich warne Sie – dieses Buch enthält keine Regeln, wie man ein glückliches christliches Leben führen kann. Es ist das Gekritzel eines aufgeregten Beobachters, der gar nicht so schnell aufschreiben kann, was er alles sieht. Es ist auch nicht mit großen, herrlichen Worten geschrieben. Es ist eher ein Stottern, es sind winzige Versuche, das Abenteuer eines kindlichen Glaubens zu beschreiben. Manche Sätze sind vielleicht eine lästige Plage, wie kleine Kinder, die unsere angenehmen Momente stören. Mögen sie ein gute Belästigung und eine willkommene Plage sein, denn ich habe festgestellt, dass hinter jeder Plage und jeder Belästigung die Möglichkeit steckt, eine Entdeckung zu machen.

Dieses Buch ist ein Abenteuerbuch, das ein Mann geschrieben hat, der gefährlich nahe daran war, seinen kindlichen Glauben zu verlieren, und der immer noch dabei ist, wieder zu entdecken, was es heißt, ein Kind zu sein.

Das Buch hat keine Antworten für Menschen, die bereits am Ziel sind. Es gibt nur die schwache Ahnung eines Menschen wieder, der immer noch herumstolpert, sich dabei aber auf der heißen Spur Gottes befindet.

»Der ungezähmte Glaube« soll ein spielerisches Buch sein. Die Kapitelüberschriften, die Begriffe und die Geschichten sollen mit Ihren Erwartungen spielen. Der Lieblingsausspruch eines meiner Freunde ist: »Wenn du immer dasselbe tust, bekommst du auch immer dasselbe Resultat.« Ich habe absichtlich versucht, mit merkwürdigen und ungewöhnlichen Worten ein überraschendes Buch über Gott zu schreiben, in der Hoffnung, dass Sie etwas bekommen, was Sie nicht erwartet haben.

Ich hoffe, dass Sie beim Lesen dieses Buches völlig überraschend auf Jesus stoßen, so wie ich auf ihn gestoßen bin, als ich es geschrieben habe. Ich hoffe auch, dass Sie während der Lektüre nie ganz sicher sind, ob Sie ihm auf der Spur sind oder er Ihnen auf den Fersen ist. Meiner Erfahrung nach ist es aber egal, wer hinter wem her ist, wenn Jesus uns nahe ist.

Ich bete dafür, dass Sie nach Beendigung der Lektüre kein größeres intellektuelles Verständnis für den christlichen Glauben gewonnen haben, vielmehr beim Lesen das Flüstern Jesu hören. Und dass Sie an irgendeinem Punkt plötzlich spüren, wie sich in Ihnen die kindlichen Eigenschaften der Begeisterung, der Neugier, der Hingabe und des Staunens regen, die eine Quelle des Lebens selbst sind. Möge das Feuer der Gegenwart Jesu wieder jeden Ihrer wachen Augenblicke mit Begeisterung und Abenteuerlust erfüllen!

Gefährliches Staunen
oder: Gott will uns überraschen

> *» Unsere große Unwissenheit verbergen wir hinter vielen Worten, zu staunen ist uns peinlich und vom Geheimnis zu reden, ist uns nicht geheuer.«*
> *(A. W. Tozer)*

> *» Manchmal glaube ich, dass uns die Menschen am meisten Leid tun müssen, die ihren Sinn für das Staunen verloren haben.« (Douglas Copeland)*

> *» Wir leben in einer Zeit, in der der Glaube schwach geworden ist, weil unser Verlangen nach dem, was über und außerhalb unserer Welt liegt, betäubt wurde und sich unser Wahrnehmungsvermögen für Wunder auf schlaue Tricks beschränkt.« (Alan Jones)*

Es war einer dieser Schneefälle, die man nie mehr vergisst. Millionen weißer Flocken füllten die Luft, besänftigten die Erde und verschluckten jedes Geräusch. Die Stille war so dicht, dass man sie fühlen konnte.

Im Wohnzimmer nahe der Terrassentür stand mein kleiner zweijähriger Neffe. Schnee war ihm noch fremd. In seinen klaren Augen lag ahnungslose Unwissenheit; sein Körper war entspannt und sein Geist offen für die überwältigende Blitzwirkung einer neuen Entdeckung.

Im Dunkeln konnte er nicht sehen, welche überwältigenden Dinge sich draußen begaben. Sein Vater stand an der Terrassentür, die nur angelehnt war. Die Hand des Onkels ruhte auf dem Lichtschalter für die Terrassenbeleuchtung und die Tante war bereit, ihren Neffen in die geheimnisvolle neue Welt aus weichem Schnee und glitzernden Kristallen zu heben.

Endlich war es soweit. In einem Augenblick ging das Außenlicht an, glitt die Schiebetür zurück und ein Zweijähriger wurde in eine ihm völlig unbekannte Welt befördert.

Zauber lag in der Luft. Seine Augen weiteten sich vor Staunen, als könnte er sie gar nicht weit genug aufreißen, um alles aufzunehmen, was er sah. Völlig bewegungslos, wie erstarrt stand er da. Für einen

Zweijährigen war das zu viel, ja, es war für jeden Menschen jeden Alters zu viel (wenn ein Mensch älter wird, funktioniert sein »Zuviel-Detektor« oft nur schlecht durch Geschäftigkeit und Technik).

Mein Neffe zuckte und drehte sich, sobald eine Schneeflocke sein Gesicht berührte. Er spürte ein Kribbeln, als sich die feindliche Kälte auf seiner Haut in freundliche Wärme verwandelte und sein Gesicht sich mit winzigen Wassertröpfchen bedeckte. In den großen Augen blitzte ein Feuerwerk von Eindrücken auf, die seine Vorstellungskraft völlig überstiegen. Sein Geist war ein Wirrwarr fremder, sich widersprechender Realitäten: Weißes, Kälte, Schwirren, Schweben, Landen, Berühren, Kribbeln, Kitzeln, Glitzern, Schmelzen. Dieses Erlebnis war so groß, so überwältigend, dass er rückwärts umfiel; im Zeitlupentempo landete er im watteweichen Weiß, und der Schnee umarmte ihn sanft. Er hatte es aufgegeben, Schnee verstehen zu wollen. Stattdessen ließ er sich fallen und *erlebte* Schnee.

Es war ein Augenblick des Staunens und der Verwunderung.

Je mehr ich darüber nachdenke, umso mehr scheint es mir ein gefährliches Staunen gewesen zu sein. Die Verwunderung und Verzauberung meines Neffen führten dazu, dass er sich dem Schnee ergab und sich hineinfallen ließ. Einige märchenhafte Sekunden lang war der Zauber des Schnees mächtiger als die Gefahr.

Für einen kurzen Augenblick erlebte der kleine Junge die ganze Fülle und Macht des Lebens. Er wusste nicht, ob er lachen oder weinen, Angst haben oder glücklich sein sollte. Was er erfuhr, war wie der erste Moment im Garten Eden, als Adam und Eva die umwerfende Schönheit von Gottes neuer Schöpfung nicht fassen konnten. Was er erfuhr, muss wie der Moment gewesen sein, als es dem Blinden wie Schuppen von den Augen fiel und eine Explosion von Farben und Formen auf ihn einstürmte; als der Leprakranke durch seinen Körper wie elektrisiert das Leben pulsieren fühlte und sich seine tote, verfaulte Haut plötzlich in zarte Babyhaut verwandelte; als die bitter gewordene, hoffnungslose Prostituierte in der Erwartung aufblickte, Verurteilung und Tod zu empfangen und stattdessen Worte der Vergebung und des Lebens hörte.

Was für ein Moment! Welch heiliger Augenblick! In der Gegenwart Gottes zu stehen, voll Furcht und voll Staunen zugleich! In der Gegenwart des Lebens zu stehen und doch zu spüren, wie die Seele gleichzeitig von Schrecken und Glück geschüttelt wird.

Ich wünsche mir ein Leben voller heiliger Augenblicke. Ich will jeden Tag in der gefährlichen Nähe Jesu stehen. Ja, ich sehne mich nach einem Leben, das vor Erfüllung explodiert, reich an Abenteuer, Staunen, Risiken und voller Gefahr. Und ich sehne mich nach einem Glauben, der wunderbar vielsagend ist. Ich möchte bei Jesus sein und nicht wissen, ob ich lachen oder weinen soll.

Doch wenn ich ehrlich bin, wurden meine Sehnsüchte längst nicht alle erfüllt und mein Leben verlief eher geordnet . . . bis vor ein paar Jahren.

1991 verbrachten meine Frau und ich eine Woche in einer Lebensgemeinschaft mit dem Namen »Daybreak« in Toronto, deren Mitglieder in der Mehrzahl geistig behindert sind. Sie gehören zur Gemeinschaft »L'Arche«. Während unseres Aufenthalts fühlte ich mich viele Male von den Menschen dieser Gemeinschaft an Kinder erinnert. Sie verhielten sich wie Kinder. Und es überraschte mich, wie viel sie mir über Jesus zeigen konnten. Doch das hätte mich eigentlich nicht überraschen sollen. Matthäus beschreibt einen Vorfall im Leben Jesu, als Jesus ein kleines Kind zu sich rief und dann zu den Erwachsenen unter seinen Zuhörern sagte: »Wahrlich, wahrlich, ich sage euch, es sei denn, ihr werdet wie die Kinder, so werdet ihr das Reich Gottes nicht sehen.«[1] Die Menschen dieser wunderbaren Gemeinschaft, die ihre kindlichen Eigenschaften nicht verloren hatten, führten mich auf sanfte Weise an den Ort der Gefahren und des Staunens zurück.

Was würde passieren, wenn wir alle den Rat Jesu befolgten, »so zu werden wie die Kinder« – wie mein Neffe? Ist »gefährliches Staunen« eine reale Möglichkeit für Sie und für mich? Ich glaube schon. – Warum erfahren wir dann nicht häufiger das Leben auf diese Weise? Weil wir Hindernisse zulassen, die uns das Staunen unmöglich machen und unsere Seele rauben . . .

Erstes Hindernis: Stumpf geworden sein

Ein Pfarrer der Episkopalkirche beschrieb das erste Hindernis: »Wir stehen im Spannungsfeld zwischen Stumpfsinn und Staunen.« Das kritischste Thema, das Christen betrifft, ist nicht Abtreibung, Pornographie, der Zerfall der Familie, moralische Maßstäbe,

Fernsehen, Drogen, Rassismus, Sexualität oder Schulgebet. Der kritischste Punkt von heute ist der Stumpfsinn. Wir haben es verlernt zu staunen. Die Gute Nachricht ist nicht mehr gut, sie ist ganz okay. Der christliche Glaube *ändert* nicht mehr unser Leben, er *verbessert* es. Jesus verwandelt die Menschen nicht mehr in feurige Radikale, sondern in *nette Leute.*

Doch wenn es beim christlichen Glauben nur darum geht, nett zu sein, interessiert er mich nicht.

Was ist mit dem radikalen Christentum passiert, mit der nicht immer so netten Sorte von Christsein, das die Welt auf den Kopf gestellt hat? Was ist mit dem alle Grenzen sprengenden, Leben umstülpenden, nicht institutionalisierten Evangelium geschehen, das sich im ersten Jahrhundert wie ein Buschfeuer ausgebreitet hat und von den Regierenden als *gefährlich* eingestuft wurde? Was ist mit den Christen passiert, deren Herz brannte, die keine Furcht hatten, die die Wahrheit aussprachen ohne Rücksicht auf die Folgen, die die Welt in Unruhe versetzten und bereit waren, Jesus überallhin zu folgen? Was ist mit den Christen geschehen, die mit Begeisterung und Dankbarkeit erfüllt waren und einfach nicht aus dem Staunen über die Gnade Gottes herauskamen?

Ich bin bereit für ein Christentum, das mein Leben »ruiniert«[2], das mein Herz gefangen nimmt und mich in Unruhe versetzt. Ich möchte mit einem so faszinierten Staunen erfüllt sein, dass ich als wild, unberechenbar und . . . ja . . . als *gefährlich* gelte. Ja, ich will für eine stumpfe, langweilige Religion »gefährlich« sein. Ich will einen Glauben, der von unserer monotonen und langweiligen Kultur als »gefährlich« empfunden wird.

A.W. Tozer sagte einmal vor langer Zeit: »Die Kultur löscht das Licht in den Seelen der Menschen.« Doch nicht nur die Religion ist vom Stumpfsinn betroffen, sondern unsere Kultur. Unsere gesamte Kultur ist stumpfsinnig geworden. Stumpfsinn heißt, dass das Licht in unseren Herzen erloschen ist. Sehen Sie sich nur mal um. In vielen Augen ist kein Funkeln mehr, in vielen Ehen keine Leidenschaft, in unserer Arbeit kein Sinn und im Glauben vieler keine Freude mehr.

Die Bibel nennt unser Problem Sünde. Lassen Sie sich von diesem Wort nicht irreführen. Sünde ist mehr, als Gott den Rücken zuzudrehen – sie bedeutet, dass wir uns vom Leben abwenden! Unmoral ist weit mehr als Ehebruch und Unehrlichkeit, es bedeutet ein trübes, farbloses, trostloses, schal gewordenes, fantasieloses Leben.

Der größte Feind des Christentums sind vielleicht Leute, die zwar sagen, dass sie an Jesus glauben, aber zu staunen aufgehört haben. Jesus Christus ist nicht nur gekommen, um uns aus der Verlorenheit, sondern auch aus der Lustlosigkeit zu erretten; er wollte uns von unserer oberflächlichen wie auch von unserer verdorbenen Haltung befreien. Er kam, um uns von unserem Stumpfsinn zu retten. Unsere Kultur läuft Gefahr, in Unmoral und Stumpfsinn zu ertrinken. Wir können nicht mehr tanzen, singen oder lachen. Wir haben es zugelassen, dass sich unsere Fantasie der Technik unterworfen hat und wir nicht mehr als Reisende, sondern nur noch Touristen mit einer Polaroid-Kamera gelten können. Das Fernsehen beherrscht unsere Zeit, ändert unsere Wertvorstellungen und macht uns gefühllos gegenüber dem Leben in all seiner wunderbaren Wildheit. Wir verkümmern in der Mittelmäßigkeit.

Zweites Hindernis: Traumdiebe

Irgendwo auf unserem Weg wurde uns das Kind ausgetrieben. Dafür sind häufig Menschen verantwortlich, die uns sagen, was wir nicht tun können oder dürfen. Das sind die Traumdiebe.

Mein erstes Jahr auf der Bibelschule wurde für mich zum Alptraum. So naiv, unreif und schwärmerisch-begeistert, wie ich in meinem Glauben war, beteiligte ich mich sofort an allen möglichen Schul-Aktivitäten. Meine Freunde und ich meldeten uns für einen Talentschuppen und arbeiteten zwei Monate an einem sehr schwierigen Jazz-Arrangement von »Moonglow«. Jeder, der uns beim Üben hörte, war beeindruckt. Der Applaus nach der letzten Probe vor der Aufführung im Übungsraum war ohrenbetäubend und wir waren sicher, dass die Vorstellung ein Erfolg werden würde.

Da rief uns plötzlich ein hagerer, streng wirkender Mann zu sich. »Tut mir leid«, sagte er. »Aber ihr könnt morgen Abend nicht auftreten. Eure Musik ist zu weltlich. Es klingt wie in einem Nachtclub.«

»Was?«, gab ich zur Antwort. »Aber wir sind doch nicht in einem Nachtclub, wir sind in einer christlichen Schule!«

»Die Entscheidung ist endgültig«, erwiderte der Mann und ging davon.

Unsere Gruppe war am Boden zerstört. Ich konnte diesen Schlag nicht wegstecken. Meine Begeisterung war weg, und ich zog mich von allen Aktivitäten zurück. Aus Gründen, die ich immer noch nicht verstehe, waren die Lehrer an dieser Schule stolz darauf, ihre Rolle als Traumdiebe zu spielen.

Jemand erzählt von einem Schüler an der High-School, dessen Vater Rennpferde trainierte. Weil sich die Familie nach den Pferderennen richten musste, war der Junge gezwungen, die Schule während des Jahres zu wechseln. Im letzten Schuljahr sollte er einen Aufsatz über seine Zukunftsträume schreiben. Er beschrieb seinen Traum von einer hundert Hektar großen Pferderanch mit Ställen, Rennbahnen und einem tausend Quadratmeter großen Wohnhaus. Sogar einen Plan von der Ranch und einen Grundriss des Hauses zeichnete er. Dann gab er den Aufsatz ab . . . Zwei Tage später bekam er ihn mit der Note 6 und der Bemerkung, sein Lehrer wolle ihn sehen, zurück. Nach dem Unterricht erklärte der Lehrer dem Jungen, dass sein Traum »unrealistisch« sei. Wenn er seinen Aufsatz mit einem »realistischeren« Traum noch einmal schreiben würde, würde der Lehrer aber über die Note noch einmal nachdenken. Der Junge ging nach Hause und fragte seinen Vater, was er tun solle. »Das ist deine Entscheidung«, erwiderte der Vater, weil er wusste, dass diese Entscheidung für seinen Sohn viel bedeutete. Der Junge behielt den Aufsatz eine Woche lang und gab ihn dann seinem Lehrer nach dem Unterricht zurück. »Also«, sagte er, »Sie bleiben bei Ihrer Sechs und ich bei meinem Traum.« Dieser Lehrer war auch ein Traumdieb.

Ein junger Mann, den ich kannte, bekam während seines ersten Jahres auf dem College Depressionen und entschloss sich, die Schule zu unterbrechen. Der Vater des Jungen, der recht wohlhabend war, versuchte seinen Sohn davon zu überreden, auf der Schule zu bleiben, aber ohne Erfolg. Stattdessen ging der Junge in die Mission und sein Leben nahm eine vollkommene Wende. Er konnte die Medikamente absetzen und entschloss sich, als Missionar in ein gefährliches und politisch instabiles Land zu gehen. Die Mutter war begeistert, aber der Vater drehte durch. Er drohte, die Missionsgesellschaft vor Gericht zu bringen, er bearbeitete und quälte seinen Sohn so lange, bis dieser einem Zusammenbruch nahe war. Die Depressionen kehrten zurück. Auch dieser Vater war ein Traumdieb.

Es ist interessant, dass die Bibel einen Namen für die religiösen Traumdiebe hat: Pharisäer.

Da war ein Mann, von Geburt an blind, und Jesus machte für ihn den Traum wahr, sehen zu können. Doch die Pharisäer, die Traumdiebe, taten alles, um diesen Traum wieder zunichte zu machen (Johannes 8).

Da war eine Frau mit einem eher zweifelhaften Ruf, die Jesus mit einem sehr teuren Öl salbte. Die Traumdiebe, die mit im Raum saßen, versuchten die Freude und Dankbarkeit dieser Frau zu zerreden (Markus 14).

Im Markusevangelium finden wir noch ein Beispiel. Die Jünger von Jesus, noch jung im Glauben, folgten Jesus voller Begeisterung und Freude. Doch sie waren auch ahnungslos und naiv, erfüllt von Ehrfurcht und Staunen. Einmal trampelten sie hungrig mitten durch ein Getreidefeld, rissen Ähren aus und aßen das Korn. Plötzlich wurde ihre Träumerei durch das Schreien der Pharisäer unterbrochen: » *Was macht ihr denn da?* Das dürft ihr am Sabbat nicht machen! In der Religion hält man sich an strenge Regeln. Was ihr tut, ist unverantwortlich.«

Traumdiebe. Sie hätten genauso gut sagen können: »Religion hat nichts mit Lebendigkeit zu tun, sie ist eine ernste Sache. Es geht dabei um Prinzipien und Regeln. Die muss man lernen. Fügt euch deshalb den Sabbat-Regeln und benehmt euch wie wir, dann bekommt ihr noch eine Chance« (Matthäus 12,1-13). Doch Jesus erwiderte den Pharisäern: »Bleibt ihr bei euren Regeln, ich schenke den Leuten einen Glauben voller Abenteuer!«

Jesus Christus ist kein Traumdieb, er will, dass wir seinen Traum für uns erkennen und wie Kinder in seine Gnade hineinlaufen. Das Dumme ist nur, dass es auf diesem Weg viele Hindernisse gibt, die uns die Sicht auf den Traum Gottes für uns versperren und uns von einem Glauben voller Abenteuer abhalten.

Drittes Hindernis: Berechenbarkeit

Etwas passiert in unserer technisierten Gesellschaft – etwas, das übrigens von dem französischen christlichen Soziologen Jacques Ellul zuerst erkannt wurde. Ellul sagte schon 1964 voraus, dass der Fortschritt der Technik das Leben, wie wir es kennen, genauso stark verändern würde wie die Industrialisierung. Zuerst war es der Mensch und die Natur, dann der Mensch und die Maschine, und jetzt nur noch die Maschine. Die Technik werde sich verselbständigen und die Maschine bald die Kontrolle über den Menschen haben, anstatt der Mensch über die Maschine. Nicht nur, dass es Hamburger und Gesundheitsvorsorge nach einem einheitlichen Vertriebssystem geben werde; der Mensch selbst werde vereinheitlicht, zuerst durch äußere Angleichung, dann durch Klonen.

Die Entwicklung gibt Ellul Recht. Sogar das Klonen ist theoretisch schon möglich geworden. Doch was für unsere Herzen noch viel schädlicher ist, möchte ich als *kulturelles Klonen* bezeichnen. Es nivelliert die Persönlichkeit von Menschen und huldigt der Berechenbarkeit. Wenn dies das Ziel ist, wird die Vielfalt nicht mehr als Stärke einer Kultur angesehen. Gleichförmigkeit wird zur Grundvoraussetzung.

Doch Berechenbarkeit und Glaube können nicht nebeneinander bestehen. Kennzeichnend für Jesus und seine Jünger war ihre Art, unvermittelt zu handeln. Jesus überraschte seine Jünger immer wieder, weil er sich zum Beispiel in den »falschen« Häusern aufhielt (bei Sündern), sich mit den »falschen« Leuten abgab (Zöllner, die mit der Besatzungsmacht zusammenarbeiteten, Ehebrecherinnen, Prostituierte, Leprakranke) und Menschen am »falschen« Tag heilte (am Sabbat). Jesus hatte keinen Terminplaner, keine ausgefeilte Strategie, er startete keine missionarischen Kampagnen. Es gab nur die freudige Erwartung des unmittelbaren Augenblicks.

Die Pharisäer wollten Jesus so haben, wie sie selbst waren. Seine Wahrheit sollte dieselbe Wahrheit sein, die sie sich über Jahrhunderte hinweg zurechtgelegt hatten. Aber Wahrheit kommt immer unvermittelt. Wo Jesus ist, fühlt sich jeder beunruhigt und auf geheimnisvolle Weise gleichzeitig froh. Doch die Menschen lieben keine Überraschungen, nicht einmal die Menschen in christlichen Gemeinden, und sie wollen auch nicht beunruhigt werden. Sie wollen einen lieben, zahmen Jesus.

Aber wissen Sie was? Zahm sein ist keine Alternative. Wird dem Glauben die Überraschung genommen, ist das, was zurückbleibt, trockene, tote Religion. Wird das Evangelium seiner Geheimnisse beraubt, bleiben nur noch versteinerte, starre Dogmen übrig. Wenn Sie Ihre Ehrfurcht vor Gott verlieren, erhalten Sie am Schluss das Bild einer impotenten Gottheit. Wenn Sie nicht mehr staunen können, leben Sie eine belanglose Frömmigkeit. Wird Gleichförmigkeit zum Kennzeichen des Glaubens, wird der Glaube zu einem einheitlichen System, wird die Echtheit unserer Erfahrungen mit Gott an den Erfahrungen anderer gemessen – dann ist die Einzigartigkeit des Volkes Gottes verloren und die Kirche tot.

Viertes Hindernis: Banalitäten

Viele tun so, als sei der Lebensunterhalt wichtiger als das Leben. Die finanzielle Sicherheit wird weit höher eingestuft als die Unsicherheit einer Nachfolge Jesu Christi. Es ist nicht die Armut, die zählt, sondern der Reichtum. Selbst in den Gemeinden geben wohlmeinende Christen anderen Christen den Rat, finanzielle Sicherheit zu suchen. Natürlich, sucht auch Jesus Christus, aber seid dabei nicht tollkühn, blauäugig oder naiv. Sucht euch einen guten Job. Man kann Gott dienen und sich trotzdem einen Lebensstandard erarbeiten, der unseren heutigen wirtschaftlichen Gegebenheiten angemessen ist. Frederick Buechner warnt uns vor so einem Denken:

»Die Gefahr ist, dass du nicht mehr auf die Stimme hörst, die durch die aufsteigende Möwe im grauen Morgenwind zu dir spricht, oder auf die Vision im Tempel; nicht mehr auf die Stimme in oder außerhalb von dir, die durch besondere Ereignisse zu dir spricht. Stattdessen hörst du nur noch auf das langweilige, banale Plärren unserer Massenkultur, das uns taub zu machen droht, weil es uns fortwährend entgegenschreit: Das einzig Wichtige bei deiner Arbeit sind Gehalt und Status, und solltest du tatsächlich etwas Freude suchen, verschiebe sie aufs Wochenende.«[3]

Jesus rief seine Jünger auf, einen sehr merkwürdigen Lebensstandard zu pflegen: nämlich gar keinen. Kindlicher Glaube verfolgt offensichtlich diesen Lebensstil: »Trachtet zuerst nach dem Reich Gottes«, anstatt den unserer modernen Welt: »Trachtet zuerst nach dem Reich der materiellen Dinge«.[4] Wenn unsere Besitztümer uns besitzen und gefangen nehmen, dann werden Risiko und Abenteuer unmöglich.

Gefährliches Staunen neu entdecken

Und das Ergebnis? Wir haben den Funken in unseren Augen verloren. In die wilden, zerklüfteten Regionen unserer Seele lassen wir Jesus nicht mehr hinein. Wir haben vergessen, wie es ist, wenn man vor Jesus steht, sprachlos, mit wild klopfendem Herzen und starr vor Staunen über das, was Gott in unserer Welt alles tut. Die Hindernisse sind zwar entmutigend groß, aber sie müssen nicht unser ganzes Leben bestimmen. Wir können die kindlichen Züge unseres Glaubens, das gefährliche Staunen, wieder entdecken.

Geben Sie nicht gleich auf. Gefährliches Staunen kann es für uns alle geben. Immer noch ist es möglich, das flüchtige Gemisch aus Staunen und Schrecken, Ehrfurcht und Wagnis, Spannung und Gelöstheit, Lachen und Weinen, Leidenschaft und Erwartung, Kühnheit und Verzauberung zu erleben.

Ich möchte Sie an zwei Beispiele des »gefährlichen Staunens« erinnern. Maria war ein Teenager, eine Jungfrau und mit einem jungen Mann aus demselben Städtchen verlobt; er hieß Josef und war ebenso jungfräulich. Nazareth war eine kleine Stadt, Josefs Vater ein Zimmermann und das junge Paar bei allen, die sie kannten, beliebt und geachtet. Das Leben schien es gut mit ihnen zu meinen.

Alle freuten sich schon auf die Hochzeit. Doch dann tauchte plötzlich ein Engel auf. Haben Sie sich schon mal gefragt, warum jedes Mal, wenn ein Engel in der Bibel auftaucht, die ersten Worte, die von ihm gesprochen werden, »Fürchte dich nicht!« lauten? Der Engel sagte Maria, dass sie »Gnade bei Gott« gefunden habe und schwanger sei.

Tolle Nachricht! Wie erklärt man so was bloß seinem Verlobten? Statt einer wunderschönen Hochzeit mit dem Segen der Gemeinde und einem netten, ruhigen Leben begann für Maria und Josef ein alptraumartiges Abenteuer.

Josef musste mit einer Schwangerschaft fertig werden, mit der er nichts zu tun hatte. Beide mussten sie aus ihrer Heimat fliehen, im Exil leben und die Tatsache emotional verkraften, dass viele unschuldige Babys statt ihres Kindes ermordet wurden. Josef und Maria erfuhren das gefährliche Staunen in der Nachfolge eines anscheinend unberechenbaren Gottes. Ich vermute, dass sie es nie bereuten.

Das andere Beispiel ist die Geschichte, als die Jünger bei Nacht über einen See ruderten, während Jesus im Heck des Schiffes schlief. Sie wurden von einem entsetzlichen Sturm überrascht, und noch bevor sie wussten, was geschah, wurde ihr altes, nicht unbedingt vertrauenswürdiges Boot von drei Meter hohen Wellen hin- und hergeworfen, Wasser schwappte herein und sie drohten zu sinken.

Die Jünger fürchteten sich zu Tode und weckten Jesus schließlich mit ihrem verzweifelten Schreien auf: »Wir gehen unter!« Dabei müssen sie sich etwa das gedacht haben: »Mensch, du bist doch schließlich der Sohn Gottes und kennst dich mit Stürmen aus, tu endlich was!«

Jesus sagte nur: »Schweig still!« Und der Sturm hörte auf. Das Wasser war sofort spiegelglatt. Es herrschte eine unheimliche Stille. Ich stelle mir vor, dass die Jünger vor Schreck wie gelähmt gewesen sein müssen. Wahrscheinlich saßen sie eine halbe Stunde wie erstarrt da, bis sich schließlich einer zu bewegen wagte und den anderen zuraunte: »Reizt ihn ja bloß niemals!« Ich glaube, dass die Jünger noch viel mehr Angst hatten, *nachdem* der Sturm sich gelegt hatte, als während des Sturms. Sie erlebten das gefährliche Staunen, bei Jesus zu sein, sozusagen aus erster Hand.

Wie stellen Sie sich Jesus vor? Der Jesus des Neuen Testaments war alles andere als langweilig; er konnte in einer Minute weinen und schon in der nächsten die Tische der Wechsler im Tempel umstoßen; an einem Tag zeigte er mutiges Mitgefühl gegenüber einem gefallenen Menschen und am nächsten prangerte er Heuchelei und scheinheiliges Verhalten an; er unterstrich die Gebote Gottes und vergab am nächsten Tag einer Frau, die beim Ehebruch ertappt worden war. Die Schreiber des Neuen Testaments sagten vom Volk immer wieder, dass es mit Überraschung und Staunen auf Jesus reagierte.

Jesus war ein gefährlicher Mann – gefährlich für die bestehenden Machtstrukturen, für die Kirche und für die Volksmenge, die ihm folgte.

Sollten die Nachfolger Jesu Christi nicht auch *gefährlich* sein? Sollten sie nicht auch andere Menschen in Furcht und Staunen versetzen? Sollten diese Christen nicht bekannt sein für das Feuer in ihren Herzen und die wildentschlossene Dankbarkeit, für das Funkeln in ihren Augen und eine heilige Heiterkeit in ihrem Benehmen? Sollte das Christentum nicht als gefährlich gelten – voller Überraschungen, gefährlich für die bestehenden Verhältnisse, außerhalb der Konventionen, unkontrollierbar, furchtlos, wild und in keine Kategorie oder Definition zu stecken? Sollten nicht Menschen, die sich Christen nennen, voller Ehrfurcht und Staunen sein?

Suchen wir die Welt des gefährlichen Staunens! Es gibt diesen Ort tatsächlich. Hier können Kinder wie Erwachsene Gott finden; er ist dort, wo unsere vertrauten Wege enden. Die Richtung dorthin lässt sich vielleicht in diesem Buch finden. Stumpfe Menschen und Traumdiebe werden sich allerdings nicht eingeladen fühlen. Es ist wie im Land Narnia aus dem Buch »*Der König von Narnia*«, als Aslan vom Tod zurückkommt. Lucy und die anderen Kinder sehen ihn mit großen, vor Staunen weit aufgerissenen Augen an und Aslan sagt:

›»Und nun . . .‹

›Oh, fein‹, rief Lucy. ›Und was nun?‹ Sie sprang auf und klatschte in die Hände.

›Oh, Kinder‹, rief der Löwe, ›ich fühle meine Kräfte wieder! Fangt mich, wenn ihr könnt!‹ Seine Augen strahlten auf, und durch seine Glieder lief ein Zittern. Er schlug mit dem Schweif. Dann duckte er sich, machte einen Satz hoch über ihre Köpfe und landete auf der andern Seite des Tisches.

Jauchzend, ohne recht zu wissen warum, rannte Lucy zu ihm hinüber und versuchte ihn zu fassen, aber Aslan sprang wieder, und eine tolle Jagd begann. Er hetzte sie rings um den Hügel herum. Es war aussichtslos, ihn zu fangen. Mal ließ er sie beinahe seinen Schweif erwischen. Dann war er plötzlich zwischen ihnen, dann schleuderte er sie mit seinen mächtigen und schönen Samtpfoten in die Luft und fing sie wieder auf, und ebenso unvorhergesehen hielt er plötzlich inne, so dass sie übereinander purzelten.

Ach, es war ja ein solch glücklich lachendes Durcheinander von Armen und Beinen, eine Ausgelassenheit, wie es sie eben nur in Narnia gibt. Und das Merkwürdigste dabei war: Die Mädchen fühlten keinerlei Müdigkeit mehr, und als sie bald darauf schnaufend in der Sonne lagen, waren ihnen auch Hunger und Durst vergangen.«[5]

Es ist an der Zeit, den Ort des gefährlichen Staunens im Glauben wieder zu finden – ein Ort, der geprägt ist von waghalsiger Neugier, rückhaltloser Hingabe, kühner Verspieltheit, stillem Zuhören, unverantwortlicher Leidenschaft, fröhlichem Schrecken und vorbehaltloser Gnade.

In einer Zeit, in der so viele Menschen müde, ausgelaugt, hungrig und durstig sind nach Leben, Freude und Frieden, ist es vielleicht wieder angebracht, Kind zu werden. Vielleicht ist es an der Zeit, mit der Universität ein Jahr auszusetzen und in die Mission zu gehen, oder einen sicheren Job aufzugeben, um noch einmal eine Ausbildung zu machen, oder eine Firma zu verlassen, weil die Arbeit unsere Seele kaputtmacht, oder Besitz aufzugeben, der uns beherrscht.

Vielleicht ist es an der Zeit, dieses gefährliche Staunen im Glauben zu leben, unsere Schuhe auszuziehen, die Ärmel aufzukrempeln und eine Ausgelassenheit zu erleben, wie es sie sonst nicht gibt. Vielleicht ist es an der Zeit, wieder im Schnee zu spielen.

Waghalsige Neugier
oder: Gott liebt mutige Fragen

»In jedem Menschen gibt es einen riesigen Raum der Ahnungslosigkeit, des Staunens, der tiefsten Verwunderung, der Verblüffung.« (Abraham Heschel)

»Bereitschaft zum Risiko ist, wie wir gesehen haben, für jedes wirkliche Leben unentbehrlich, und nirgends wird dies klarer als im geistlichen Leben. Das Ziel des Glaubens ist es nicht, eine Reihe von unveränderlichen, rational erfassbaren, genau definierten und zu rechtfertigenden Vorstellungen hervorzubringen und für immer zu konservieren. Vielmehr geht es darum, eine Beziehung zu Gott zu gewinnen.« (Dan Taylor)

Es gibt im Leben eines Kindes eine Zeit, in der der kindliche Verstand die Form eines Fragezeichens annimmt – jeder Satz beginnt mit »Warum?« Die Antworten rufen nur noch mehr Fragen hervor. Dabei geht es nicht um die Antwort, auch wenn sich ein Versuch lohnt. Für das Kind liegt die eigentliche Bedeutung im Fragen an sich, denn für das Kind geht es um mehr als um Wissen. Die Fragen stehen für Zuneigung, für den Wunsch nach Gemeinschaft und Vertrauen.

In einer gesunden Familie geht es bei den Fragen des Kindes nicht um Antworten, sondern um Beziehung. Das Kind weiß intuitiv, dass seine Fragen willkommen sind. Und damit sind nicht nur die Fragen willkommen, sondern das Kind selbst. In einer offenen Umgebung, in der Fragen willkommen sind, werden Kinder Neugier entwickeln, sie werden fasziniert sein von der Wahrheit und einen unstillbaren Hunger entwickeln, zu erkennen und erkannt zu werden, zu erobern und erobert zu werden, zu berühren und berührt zu werden. Wenn diese Kinder am Abend endlich einschlafen, fühlen sie sich sicher in dem Wissen, dass ihre Eltern, die sie lieben, größer sind als alle ihre Fragen.

C.S. Lewis beschreibt Aslan, der in der »*Narnia-Chronik*« an Christus erinnert, als einen »gar nicht so zahmen Löwen«. Der Grund, warum viele ihre kindliche Neugier verloren haben, ist, dass wir gezähmt wurden. Unsere Welt ist voll von kultivierten Erwachsenen, die sich lieber auf die sichere Seite bekannter Antworten stellen, anstatt sich auf ein ungezähmtes Geheimnis voller Überraschungen einzulassen. Der Glaube wurde auf ein bequemes System bestimmter Vorstellungen über Gott reduziert, anstatt eine unbequeme Begegnung mit Gott zu sein. Der kindliche Glaube begreift, dass Gott uns ebenso erhalten wie zerstören kann. Waghalsige Neugier bricht mit der Sicherheit und Bequemlichkeit eines gezähmten Glaubens und wagt sich in die furchterregende Gegenwart eines »gar nicht so zahmen« Gottes.

Thomas, einer der Jünger, glaubte an Jesus, er vertraute ihm, folgte ihm nach und war bereit, für ihn zu sterben; aber er war von einer waghalsigen Neugier erfüllt. Als alle anderen sagten, sie hätten Jesus nach der Kreuzigung gesehen, war Thomas damit nicht zufrieden. Er wollte mehr. Er wollte Jesus berühren, ihn hören, sehen und umarmen. Die meisten Theologen haben Thomas einen Zweifler genannt. Sie haben seinem Fragen eine negativen Unterton gegeben: »Der zweifelnde Thomas.« Da kann ich nicht zustimmen. Thomas zweifelte nicht an Jesus, er sehnte sich nach ihm.

Neugier ist ein Hunger des Herzens, und weil Thomas stark, beherzt und freimütig war, besaß er die Kühnheit, schwierige Fragen auszusprechen. Es war nicht die Schwäche, nicht glauben zu wollen, vielmehr konnte er sich nicht mit einem Glauben »aus zweiter Hand« zufrieden geben. Thomas war von dem Gedanken getrieben, die Wahrheit zu kennen, sich ihr zu stellen, mit ihr zu ringen, ihr so nah wie möglich zu kommen. Jesus kritisierte ihn nicht dafür. Er trug seiner Neugier Rechnung und legitimierte sie.

Kindlicher Glaube ist dem Glauben eines Thomas sehr ähnlich – er ist kühn, waghalsig, mutig und angriffslustig.

Jemand aus meiner Gemeinde musste im vergangenen Jahr viel Zeit im Krankenhaus zubringen. Sein schwaches Herz kostete ihn in Verbindung mit einer Krebserkrankung beinahe das Leben. Doch durch seinen Mut und seine Entschlossenheit konnten er und seine Frau Weihnachten gemeinsam zu Hause feiern. Ich schlug ihnen vor, am ersten Weihnachtstag das Abendmahl bei ihnen zu feiern. Kurz vor der vereinbarten Zeit riefen sie an und baten darum, noch eine Stunde zu warten, weil ihr Enkelsohn mit seiner Familie am Abendmahl teilnehmen wollten. Als ich zu ihnen kam, saßen alle um den Esstisch versammelt – die Großmutter und der Großvater, voller Erwartung; der Enkelsohn, seine Frau und die zwei Jungen sichtlich nervös.

Nachdem ich Brot und Wein auf den Tisch gestellt hatte, fragte ich, ob es zu Beginn noch Fragen gebe. Der elfjährige Corey fragte, ob er beim Abendmahl dabei sein dürfe. »Ja«, erwiderte ich, nachdem ich mich vergewissert hatte, dass auch die Eltern einverstanden waren. Nach den Einsetzungsworten ließ ich Brot und Wein herumgehen.

»Darf ich es auch nehmen?«, fragte Corey.

»Ja«, erwiderte ich und blickte zu seiner Mutter hinüber, um zu sehen ob sie zustimmte. Sie nickte. »Weißt du denn, was es bedeutet?«

Der Vater des Jungen schaltete sich ein. »Ja, er weiß es. Ich habe es ihm erklärt.«

Corey nahm Brot und Wein und ich wollte schon das Schlussgebet sprechen, da platzte er auf einmal heraus: »Sir, wie können Sie Gott eigentlich hören?«

Woher diese Frage auf einmal kam, weiß ich nicht. Ich hielt einen Moment inne und sagte dann: »Corey, wenn du ganz genau hinhörst, merkst du, wenn Gott zu dir spricht. Es ist vielleicht keine hörbare Stimme und du nimmst sie möglicherweise auch nicht sofort wahr. Aber wenn du wirklich zuhörst, kannst du Gottes Stimme vernehmen.«

Das Dumme mit Kindern ist, sie glauben dir. Corey kniff sofort seine Augen zu, sein Körper nahm die angespannte Haltung des Zuhörens an und er begann zu lauschen. Ich hatte Corey die Antwort eines Erwachsenen gegeben und nie geglaubt, dass er sie sofort ausprobieren würde. »Ich hab' ihn gehört!«, rief Corey. »Ich habe Gott reden gehört.«

Ich kann mir nicht vorstellen, dass irgendjemand in dem Raum wirklich glaubte, Corey hätte Gott reden gehört. Wir bemühten uns alle, freundlich zu sein, aber wir erwarteten nicht, dass Gott sich tatsächlich zeigen würde. »Was hat er denn gesagt?«, wollte ich wissen. Ich erwartete irgendeine kindische Antwort.

Corey sah mir direkt in die Augen, sein Blick hatte sich vor Staunen geweitet. »Er hat gesagt: ›*Vergiss mich nicht.*‹« Die waghalsige Neugier eines Jungen hatte ihn in Gottes Gegenwart gebracht.

Kühner Glaube

Wenn Kinder etwas wissen wollen, dann haben sie keine Angst, andere so lange zu unterbrechen, zu belästigen und mit Fragen zu löchern, bis jemand reagiert. Kinder sind mit einer natürlichen Neugier und einer angeborenen Kühnheit ausgestattet. Doch es dauert nicht lange, bis ihnen in unserer Kultur klargemacht wird, wie »unangebracht« ihre Neugier im »wirklichen« Leben ist. Ihr naiver Mut wird ihnen genommen. Schon nach Beendigung der Grundschule wird bei den meisten unserer Kinder die natürliche Neugier durch eine Reihe von ungeschriebenen Regeln unterdrückt.

Regel Nr. 1: Fragen können peinlich sein
Nach dieser Regel ist es peinlich zuzugeben, dass man etwas nicht weiß. Wichtig ist, seine Unwissenheit nie zu zeigen, denn es könnte die Geringschätzung anderer zur Folge haben. In unserer heutigen Welt geht es nicht um Wahrheit, sondern ums Image. Unterdrücken Sie Ihre Zweifel, ignorieren Sie Ihre Fragen und tun Sie nichts, was andere veranlassen könnte, abschätzig über Sie zu denken.

Regel Nr. 2: Fragen können unbequem sein
Fragen können weitere Fragen aufwerfen. Zweifel können weitere Zweifel wachrufen. Wenn wir Fragen stellen, sehen sich andere vielleicht Fragen gegenüber, die sie bisher geflissentlich ignoriert haben. Fragen zwingen uns zum Nachdenken und zur Auseinandersetzung mit der Wahrheit. Anders ausgedrückt: Fragen sind unbequem. Viele Christen haben ihre Fragen zum Schweigen gebracht, sie ignorieren die Lücken in ihrem Denken und wollen Zweifel nicht wieder hochkommen lassen.

Regel Nr. 3: Fragen können gefährlich sein
In unserer Kultur ist es vielen lieber, auf Nummer Sicher zu gehen und ihr Wissen auf das zu beschränken, was sie bereits kennen – das

Denken wird sozusagen in Rente geschickt. Stellen wir zu viele Fragen, könnten uns die daraus folgenden Antworten zu einer Lebensänderung zwingen. Wir könnten der Wahrheit gegenüber verantwortlich gemacht werden und uns gezwungen sehen, uns entsprechend zu verhalten. Die Pharisäer hatten nur das Beste im Sinn, als sie Jesus zum Schweigen bringen wollten; schließlich bedrohte er mit seinen ständigen Fragen die bestehenden Verhältnisse. Seine Fragen waren gefährlich, denn sie untergruben die Machtstrukturen. Er musste getötet und damit zum Schweigen gebracht werden. Fragen wie »Wer ist mein Nächster?« (Lukas 10,29) oder: »Welches Bild ist auf dieser Münze?« können einen Volksaufstand zur Folge haben. Es ist nach dieser Regel besser, nicht erst zu fragen.

Regel Nr. 4: Fragen können »richtig« oder »falsch« sein
Jeder von uns hat schon einmal die Erfahrung gemacht, dass es auf eine Frage, die er gestellt hat, hieß, sie sei nicht angebracht, nicht zutreffend oder ganz einfach »falsch«. Nach dieser Regel zeugt eine »falsche« Frage von Kleinglauben, zu geringem Vertrauen, von einem rebellischen oder »fleischlichen« Herzen. »Falsche« Fragen können nicht beantwortet werden. »Falsche« Fragen bedrohen die Meinung der Mehrheit.

Diese ungeschriebenen Regeln haben die Kirche von innen her durchsetzt und viele Kirchenbänke mit schwachen, blutleeren Christen gefüllt, die keine Neugier mehr zeigen und unter einem verkümmerten Glauben leiden.

Waghalsige Neugier

Es gibt aber keine »falschen« Fragen. Wenn Menschen Hunger nach Gott haben, ist jede Frage »richtig«. Neugier ist die unerkannte Frucht des Geistes, der heimliche Ausdruck der Gegenwart Gottes. Der Glaube öffnet unsere Augen und stellt uns vor eine neue Wirklichkeit – eine Wirklichkeit, die reich an neuen Einsichten und Erkenntnissen ist. Thomas war bereit, mit seiner kühnen Neugier einem ganzen Raum voller Jünger zu trotzen. Mutig und unerschrocken bot er seinen Freunden die Stirn und weigerte sich, seine Beziehung zu Jesus auf das aufzubauen, was die anderen dachten. Was ihn schließlich bremste, war die Bereitschaft Jesu, seine kühne Neugier ernst zu nehmen. Zwar war Jesus seinen Jüngern schon einmal erschienen, als Thomas nicht da war, aber eine Woche später zeigte er sich noch einmal, als Thomas dabei war, und forderte ihn direkt auf, ihn zu berühren, damit seine Fragen aufhören konnten und sein Glaube begann. In der Gegenwart Jesu ist Neugier willkommen, selbst wenn sie von anderer Stelle abgelehnt wird.

Ich bin Pastor einer kleinen Landgemeinde in den Siskiyou-Bergen in Nordkalifornien. Weil der Gottesdienst jeden Sonntag etwa nur von dreißig Personen besucht wird, ist es schwer, sich als Einzelner zu verstecken oder unbemerkt zu bleiben. Maria gehört zu der kleinen Gruppe von Teenagern, die regelmäßig kommen, und fällt jeden Sonntag auf. Wenn ich während der Predigt auf die Gemeinde sehe, kann ich darauf warten, dass sie ihre Hand hebt. Ich unterbreche meine Predigt und blicke sie an. Ihr Kommentar kommt immer mit derselben Frage: »Sag mal, Mike, was meinst du eigentlich?«

Maria ist naiv genug, die Predigt verstehen zu wollen, noch bevor die Kirche aus ist. Ich bemerke dann die erleichterten Blicke auf den Gesichtern aller Erwachsenen, die dasselbe dachten, es sich aber nicht auszusprechen trauten. Marias Neugier ist immer noch da, wenn sie vielleicht bei allen anderen zum Schweigen gebracht worden ist. Maria hat den Mut und die Bereitschaft, den Ärger der anderen auszuhalten, für die ein pünktlicher Schluss der Predigt vielleicht wichtiger ist. Doch diese Missbilligung ist Maria auf herrliche Art egal, auch der Ärger des Pastors, der jetzt seine Gedanken genau erklären muss, anstatt davon auszugehen, dass alle verstanden haben, was er sagen wollte. Marias kindliche, kühne Neugier hat zur Folge, dass die Predigten nicht nur der Unterhaltung dienen, sondern die Beteiligung fördern. Man erarbeitet die Wahrheit gemeinsam, anstatt nur zuzuhören.

Mutiger Glaube

Neugier setzt Mut voraus. Man muss auch dann bereit sein, Fragen zu stellen, wenn diese Fragen auf alle anderen bedrohlich wirken.

Glaube ist mehr als nur glauben, es ist ein Akt des Mutes, des kühnen Festhaltens an Gottes Wahrheit. Glaube ist wie ein Ringkampf mit Gott, es ist die intensive Auseinandersetzung mit der Wahrheit in dem Versuch, alles an Erfassbarem und Erkennbarem herauszuholen. Und Neugier ist der Ausdruck unseres Hungers nach Gott. Dann bringen wir Gott unsere Zweifel, ohne uns entschuldigen zu müssen; wir marschieren kühn und furchtlos in seine Gegenwart mit einem ganzen Rucksack voller Fragen, denn wir wissen, dass Gott keine Angst davor hat. Menschen haben Angst. Institutionen haben Angst. Aber Gott nicht.

Kinder haben einige nur ihnen zustehende Rechte, und eines davon ist das Recht zu fragen, egal wo, egal was. Wir haben als Kinder Gottes dasselbe Recht. Bringen wir unsere Fragen kühn, mutig und vertrauensvoll wie ein Kind vor!

Einsamer Glaube

Menschen, die Fragen stellen, isolieren sich selbst – genauso wie Thomas. Ich kann die Frustration der Jünger über seine Fragen verstehen. Sie hatten Jesus gesehen und seine Gegenwart erfahren, warum konnte Thomas ihnen nicht glauben? Hatte er kein Vertrauen in seine Freunde? War er eifersüchtig? Beneidete er sie um ihre unmittelbare Erfahrung? Durch seine Fragen isolierte er sich von den anderen Jüngern, und wahrscheinlich hätte das auf lange Sicht eine negative Auswirkung auf ihre Beziehung gehabt – wäre nicht Jesus gekommen. Jesus fühlte sich von Thomas und seiner Neugier nicht beleidigt. Die Jünger hätten Thomas vielleicht ausgeschlossen, Jesus aber schloss ihn mit ein.

Vielleicht jagen unsere Fragen andere Menschen fort, Jesus ziehen sie an. Vielleicht kommen wir an unseren Fragen nicht vorbei, aber dann kommen wir auch an Jesus nicht vorbei. Wenn wir durch unsere Fragen mit Jesus allein bleiben, dann ist dieses Alleinsein keine schlechte Alternative.

Unwissender Glaube

Können Sie sich noch daran erinnern, dass ein Kind Ihnen neugierige Fragen über den Mond, eine Schlange, die Falten im Gesicht der Großmutter oder Ihre Glatze stellte? Wissen Sie noch, wie Sie versucht haben, die Fragen zu beantworten, und dabei genau gespürt haben, dass das kleine Mädchen neben Ihnen Ihre Antwort nicht verstand? Trotzdem versuchten Sie geduldig (oder ungeduldig) eine Erklärung zu geben. Zu Ihrer Überraschung sah das Kind Sie dann an und sagte: »Ach so. Danke.« Und weg war es, ab nach draußen, ohne das geringste Anzeichen, jetzt mehr zu wissen als vorher, aber das schien egal zu sein.

Bei den Fragen eines Kindes geht es nie ausschließlich um den Mond oder die Falten im Gesicht. In so einer Frage stecken in Wirklichkeit Millionen anderer Fragen: Hast du mich lieb? Bin ich etwas wert? Kümmerst du dich um mich? Willst du, dass ich wachse? Ist das, was ich sehe, auch für dich wichtig? Ist die Großmutter gesund? Bist du krank? Werde ich mal so aussehen wie du? Ohne Haare?[6] Eltern sind für die Fragen ihrer Kinder in zweifacher Weise besonders verantwortlich – in genau derselben Weise wie die Kirche für die Menschen des Glaubens:

1) Fragen aufbewahren

Eltern, die ihre Aufgabe richtig verstehen, begreifen, dass sie nicht dazu da sind, alle Fragen ihrer Kinder zu beantworten. Eltern müssen ihren Kindern helfen, die wichtigen Fragen, die lebensentscheidend sind, herauszufiltern.[7]

Im Christentum sollte es nicht anders sein. Die Geistlichen »sind nicht unbedingt Menschen mit Antworten, sondern Menschen, die die wichtigen Fragen aufbewahren und sie am Leben erhalten« (Alan Jones).

Das ist eine Aufgabe der Kirche.[8] Denn solange unsere Fragen lebendig sind, hat auch unsere Seele eine Chance, lebendig zu bleiben. Die Kirche sollte voller Christen sein, die nicht so sehr Antworten, sondern Fragen suchen, nicht Lösungen, sondern Geheimnisse, nicht Erklärungen, sondern Staunen.

2) Die Macht des Nichtwissens

Die Väter der Kirche redeten frei und offen über das »Nichtwissen«. Ihrer Überzeugung nach hat uns die Begrenztheit unseres Wissens viel zu lehren. Sie waren der Meinung, dass wir durch unser Unwissen genauso viel über Gott lernen können wie durch unser Wissen. Die Unmöglichkeit, alle Fragen zu beantworten, wurde zu einer Möglichkeit, mehr über Gott zu erfahren. Wo der Intellekt zu kurz griff, konnte der Mensch im Glauben der Wirklichkeit Gottes begegnen. Hier, im Bereich des Nichtwissens, zeigte sich unerwartet Gott.

Bei unserer Tochter Lisa wurde im Alter von achtzehn Monaten Krebs festgestellt. Im Kinderkrankenhaus von San Diego schloss sie viele Freundschaften. Alle diese Freunde hatten irgendeine schreckliche Krankheit. Einmal in der Woche musste sich Lisa zusammen mit einigen ihrer Freunde anstellen, um ihre »Chemo« zu bekommen. Bis zu diesem Zeitpunkt hatte ich gedacht, alles über das Gebet zu wissen. Doch als ich mit Lisa und acht anderen krebskranken Kindern in einer Reihe stand, merkte ich plötzlich, dass ich nichts über das Gebet wusste. Wie konnte ich für die Heilung meiner Tochter beten, wenn noch acht weitere Kinder der Heilung bedurften? Konnte ich etwa Gott darum bitten, meine Tochter gesund zu machen, und die anderen dabei einfach übergehen? Würde meine Tochter vor dem Sterben bewahrt, weil ich Christ war? Ab diesem Moment wusste ich weniger über das Gebet – und doch wusste ich auf geheimnisvolle Weise mehr darüber. Obwohl die Heilung meiner Tochter nicht mehr im Zentrum meines Gebets stand, fand ich auf eine Weise näher zu Jesus, die ich nicht verstand; und weil ich Gebet nicht mehr verstehen konnte, spürte ich die Gegenwart Gottes wie nie zuvor. Kindlicher Glaube sehnt sich nach Gott und sucht ihn, egal, wo er ist – selbst dort, wo es keine Antworten mehr gibt.

Der Zauber des »Warum?«

Im vorangegangenen Kapitel erwähnte ich, dass meine Frau Karla und ich eine Woche in der Lebensgemeinschaft »Daybreak« in Kanada verbracht haben. Wir waren innerlich müde und ausgelaugt.

Unser hektisches Leben wurde allmählich zu einer Gefahr für unsere Seele. Als wir an diesem bitterkalten Dezembertag zu unserem ersten Gruppentreffen zusammenkamen, wünschten wir uns verzweifelt eine innere Veränderung. Wir waren mit ein paar Freunden hierher gekommen und wollten unbedingt Henri Nouwen und Sue Mosteller, die Leiter von »Daybreak«, kennen lernen.

Zu diesem ersten Gruppentreffen kamen wir acht Freunde zusammen, außerdem drei Mitarbeiter der Arche-Gemeinschaft und drei geistig und/oder körperlich Behinderte aus der Gemeinschaft. Ich hatte viele von Henri Nouwens Büchern gelesen und erwartete, dass seine Äußerungen bei diesem ersten Treffen mein Leben verändern würden. Während der obligatorischen Vorstellungsrunde gab ich vor der Gruppe zu, dass meine hektische Geschäftigkeit mir keine Luft mehr zum Atmen ließ und ich innerlich leblos und schwach geworden war. Obwohl Henri Nouwens einführende Worte ganz interessant waren, war ich enttäuscht. Ich hatte tiefe Einsichten erwartet, doch er gab eine organisatorische Einweisung für die Woche.

Nach dem Treffen trat zu meinem Entsetzen einer der Männer auf mich zu, die als Behinderte in der Arche-Gemeinschaft lebten. Er hieß Daniel. Daniel war Mitte Vierzig und während er äußerlich völlig normal erschien, ja sogar recht gut aussah, fiel seine Sprache auf – er hatte nur einen Wortschatz von wenigen hundert Wörtern. Er trat unangenehm nah an mich heran, sein Gesicht war nur wenige Zentimer von meinem entfernt, starrte mir direkt in die Augen und fragte: »Beschäftigt?«

Erstaunt über die knappe Zusammenfassung meines vorher gemachten Eingeständnisses, erwiderte ich etwas herablassend: »Ja, Daniel, ich bin sehr beschäftigt.«

»*Zu* beschäftigt?«, fuhr er fort.

»Ja, Daniel«, gab ich ziemlich hilflos zu, »ich bin zu beschäftigt.« Nie werde ich vergessen, was als Nächstes geschah. Er kam noch näher (seine Augen verrieten großes Mitgefühl für mich) und fragte mit einer Ernsthaftigkeit, wie ich sie selten erlebt habe: »Warum?«

Meine Augen füllten sich mit Tränen. Daniel, ein Mann mit einem sehr begrenzten Wortschatz, hatte mir die eine Frage gestellt, vor der ich immer Angst gehabt hatte. Irgendwoher wusste er, das die Lösung für meine Erschöpfung und Müdigkeit in der Antwort auf diese Frage steckte – eine Frage, die ich und auch kein anderer zu stellen gewagt hatte. Warum war ich so beschäftigt? Weil ich immer noch glaubte, dass Gottes Zuneigung zu mir von meinen Aktivitäten für ihn abhing. Je mehr ich für Gott tat, umso mehr liebte er mich, redete mir meine Unsicherheit ein.

Daniel spürte auf seine kindliche Art meine Unsicherheit und sah mein Bedürfnis, Gott beweisen zu müssen, dass ich seiner Liebe wert war. Indem Daniel mir eine einfache Frage stellte, brachte er mich auf den Weg in eine viel größere Nähe zu meinem Vater. Daniels kühne Neugier ließ mich endlich die Worte hören, die Gott mir schon mein ganzes Leben lang hatte sagen wollen: »Ich liebe dich, Michael, mit einer bedingunglosen Liebe, ohne jedes Wenn und Aber.«

Verblüffender Glaube

Im zwanzigsten Kapitel des Buches Jeremia hinterfragt der Prophet Gottes Ruf und Auftrag für sein Leben. Er bekennt: Obwohl er es versucht hat, nicht mehr im Namen Gottes zu sprechen, kann er nicht aufhören, denn als er schweigen wollte, wurde »Gottes Wort in meinem Herzen wie ein brennendes Feuer in meinen Gebeinen«. Kindlicher Glaube macht uns nicht zu ruhigen, willfährigen Jüngern Jesu, die keine Fragen mehr stellen. Er entzündet vielmehr ein unauslöschliches Feuer in uns, das sich unserer Kontrolle entzieht, unser Denken durchdringt, unsere Fragen zu einem Brand entfacht und unser Herz mit Staunen erfüllt – mit ganz gefährlichem Staunen.

Rückhaltlose Hingabe
oder: Wie Gott uns zu sich ziehen will

»Hält man dieses lebendige Glaubensleben lediglich für ein von Institutionen abgesichertes und in die Kultur eingebundenes System, käme das einer mit der Methode des Zahlenquadrats gemalten Mona Lisa gleich.«
(Dan Taylor)

»Der lebendige Jesus ist in unseren religiösen Institutionen ein Problem. Das ist so. Denn arrangiert man ein nettes Begräbnis und der totgeglaubte Mensch beginnt sich zu regen, ist das ganze schöne Begräbnis futsch! Und, liebe Schwestern und Brüder, Jesus regt sich ganz gewaltig!« *(Juan Carlos Ortiz)*

Es war 1952. Auf der Tagesordnung meines zehnjährigen Lebens stand ein Punkt: Spielen. Jeder Tag brachte neue Herausforderungen, wenn ich mit meinen Freunden entscheiden musste, was wir machen wollten. Wir lebten in einem eher armen Viertel, das aber von hunderten von Kindern bevölkert war. Wir fühlten uns gar nicht arm und dachten auch nicht darüber nach, was wir nicht hatten oder was uns »vorenthalten« wurde. Wir wussten nur, dass wir endlos viele Spiele spielen konnten – Murmelspiele, improvisierte Baseball-Wettkämpfe, Tischtennis-Turniere, Verstecken, Spritzpistolen-Kämpfe, Schwimmen im städtischen Freibad, Fahrradtouren zu der Zuckerrübenfabrik oder Entdeckungsreisen in Güterwaggons auf stillgelegten Gleisen. Es gab kein Fernsehen, das uns ablenken konnte (die meisten Familien konnten sich keinen Fernseher leisten), keine Video-Spiele, die uns die Zeit stahlen, wir hatten nur unsere Fantasie.

Wenn ich auf diese Jahre zurückblicke, merke ich, dass wir immer mehr als genug neue Ideen hatten und voll beschäftigt waren. Ja, oft wünschten wir uns, die Tage wären länger. Natürlich gab es in Südkalifornien heiße Sommertage, die uns so schlapp machten, dass wir stöhnten, wir wüssten nicht, was wir noch machen sollten. Unsere Ferien dauerten schließlich drei Monate. Doch unsere Eltern kannten wenig Mitleid. »Es gibt immer was zu tun!«, war ihre Antwort. »Und wenn ihr nichts wisst, dann hab' ich ein paar Aufgaben für euch.« Da dauerte es nicht lange, bis wir selbst eine Beschäftigung gefunden hatten.

An einem Morgen im Juli, als meine Freunde und ich auf unseren Fahrrädern saßen, in den Tag hineinträumten und überlegten, welches Abenteuer heute auf uns wartete, rief Jimmy plötzlich aus: »Wir wollen ein Raumschiff bauen!«

Sobald diese Worte seinen Mund verlassen hatten, wussten wir: Das Schicksal hatte gesprochen. Drei Jungen aus der Evergreen-Straße sollten ein Raumschiff bauen. Niemand sagte mehr ein Wort, und doch war klar, was zu tun war. Unsere Aufgaben standen deutlich vor uns, jeder wusste instinktiv, für welchen Bereich er zuständig war. Jimmy, Sohn eines Amateurfunkers, wurde Nachrichtenoffizier und funktechnischer Leiter. Ich übernahm die Konstruktionsabteilung des Raumschiffs – mein Vater arbeitete bei Sears, einer wunderbaren Quelle für Raumschiffgehäuse, auch Kühlschrank-Verpackungen genannt. Außerdem war ich der Kapitän. Alan hatte die Logistik unter sich – sein Vater arbeitete am Bau und Alan war sehr stark. Er war auch unser Navigator.

Der Aufbau des Raumschiffs nahm drei volle Tage in Anspruch. Unser Garten wurde – sehr zum Ärger meiner Eltern – als Abschussrampe und Weltraumspielplatz auserwählt. In zwei Tagen schleppten wir die äußeren Teile des Raumschiffs an Ort und Stelle, an einem Tag bauten wir das Innere aus und an einem weiteren ganzen Tag machten wir uns mit unserer neuen Umgebung vertraut, bis jeder seine Rolle kannte, sich in seinem Bereich des Raumschiffs wohl fühlte, alle Kommandos bekannt und die Reiseziele genauestens geplant und verstanden waren.

Wir wurden von der ganzen Nachbarschaft beneidet, denn wochenlang fanden bei uns täglich Raumflüge statt. Ich kann mich nicht mehr erinnern, wie viele Wochen es waren, denn während unser Raumschiff in Betrieb war, vergaßen wir die Zeit. Jeden Morgen konnten wir es kaum erwarten, unsere täglichen Pflichten im Haushalt zu erledigen und zum Raumschiff zurückzukehren. Die Zeit flog dahin. Den größten Teil des Sommers war unsere Welt das Raumschiff, wo wir auf wundersame Weise Einschläge von Meteoren überlebten, intergalaktische Kämpfe mit außerirdischen Feinden überstanden, ebenso wie Explosionen, Meutereien, schwarze Löcher und Angriffe mysteriöser Feinde.

Doch es gab auch viele andere Krisen zu überwinden – Jimmy wurde mit einer Woche Hausarrest belegt, als seine Eltern entdeckten, dass er sein Nachrichtenzentrum mit der teuersten Anlage seines Vaters aufgerüstet hatte (nachdem er eine Woche lang in der Garage danach gesucht hatte!). Ein Unwetter weichte die Kartons fast bis zum Einsturz auf, und die Box unseres Navigators wurde völlig zerstört. (Unser Navigator wurde daraufhin so böse, dass er drohte auszusteigen; wir mussten uns zwei Tage Zeit nehmen, um einen neuen Kühlschrank-Karton zu suchen und seine Station im Raumschiff wieder aufzubauen.)

Nie werde ich den Tag vergessen, an dem unsere traumhafte Weltraumreise endete. Offensichtlich hatten sich unsere Eltern am Tag vorher heimlich getroffen und beschlossen, dass es an der Zeit sei, das Raumschiff wegzuschaffen. Das Gras darunter war völlig kaputt, die Kartons waren durch den Tau vieler Nächte vom Einsturz bedroht und die Schule würde in zwei Wochen wieder anfangen. Es war kaum zu glauben, wie viel Müll sich den Sommer über in unserem Raumschiff angesammelt hatte. Es dauerte fünf volle Tage, bis wir den ganzen Abfall beseitigt und alles aufgeräumt hatten.

Was mir als Kapitän unseres Garten-Raumschiffs am besten in Erinnerung geblieben ist, war die Erfahrung einer rückhaltlosen Hingabe. Während wir in unserem Raumschiff spielten, fiel alles – unser Tagesablauf, unsere Beziehungen, unsere kleinen Verantwortlichkeiten – unserer märchenhaften Weltraumreise zum Opfer. Jeder wache Moment war mit Gedanken an das Raumschiff ausgefüllt. Am Ende des Sommers waren unsere Eltern verzweifelt, unsere Freunde ärgerlich und eifersüchtig, unsere Nachbarn hatten die Nase voll und unsere Haustiere fühlten sich vernachlässigt und zurückgesetzt, weil wir uns nicht um sie gekümmert hatten. Wir hatten unser altes Leben für ein neues aufgegeben und es war uns egal, ob andere der Meinung waren, wir vergeudeten unsere Zeit oder seien übergeschnappt. Wir vergaßen die Welt um uns herum. Sie existierte gar nicht mehr. Wir waren Kinder, und für ein paar kurze Wochen durften wir uns in der Welt der Fantasie verlieren.

Ich vermisse diesen Sommer sehr. In meiner ganzen Kindheit war ich nie wieder so voller Leben wie in diesen Wochen. Jeder Tag war voller Spannung, Abenteuer, Frische und Lebendigkeit. Jeder Nerv war gespannt, alle Sinne waren hellwach, jede Empfindung bewusst und klar!

Im Sommer 1952 erlebte ich in der alles andere als heiligen Umgebung der Kühlschrank- und Waschmaschinenkartons meinen ersten Vorgeschmack darauf, was es bedeutet, sich einer großen Idee rückhaltlos hinzugeben. Gott beschenkte mich und bereitete mich auf den Moment vor, an dem ich Jesus treffen und er mich auffordern würde, alles zu verlassen und aufzugeben, um ihm nachzufolgen.

Jenseits aller Vorsicht

Am Anfang seines Dienstes traf Jesus immer wieder auf Fischer, Zöllner und politische Aktivisten, die er zur Nachfolge aufforderte. Es ist erstaunlich, dass diese Männer ihren Beruf, ihre Familien und ihre gesamte Zukunft aufgaben, um Jesus nachzufolgen. Und nur, weil dieser Jesus sagte: »Komm, und folge mir nach.« Warum? Warum gaben diese Männer ihre vertraute Welt auf und folgten Jesus in eine völlig unbekannte Welt? Weil diese Männer aus irgendwelchen Gründen wussten, dass sie bei Jesus das Leben finden würden, das sie in ihrem von Sicherheit und Sorgen begrenzten Dasein umsonst gesucht hatten. Sie wussten, dass das größte Abenteuer des Lebens gerade jenseits aller Vorsicht auf sie wartete. Sie *wussten*, woher die Musik kam.

Jesus sagte: »Jeder, der sein Leben um meinetwillen verliert, wird es finden.« In unserer modernen Sprache ausgedrückt sagt Jesus, dass jeder, der sein Leben *aufgibt*, Leben in Fülle finden wird. Probier es aus! Schmecke den neuen Wein des Lebens, eines Lebens, das jede Mahnung vorsichtig zu sein in den Wind schlägt; ein Leben, in dem Gefahr und Risiko auf dich warten!

Jesus sagt: »Gib dich selbst auf und wirf dich dem in die Arme, der dich nie aufgeben wird.«

In Wirklichkeit haben die meisten von uns die Erfahrung der Hingabe vergessen. Wir glauben an Jesus, wir begeistern uns für das Evangelium, wir versuchen, das zu tun, wozu wir uns durch ihn berufen fühlen, aber *alles aufgeben*? Unsere Arbeit, unsere Sicherheit, unser schönes Heim, die Erwartungen unserer Eltern, unsere Zukunft? Das klingt gefährlich. Offen gesagt, *völlige Hingabe* klingt unverantwortlich und verrückt.

Hingabe ist unberechenbar, eine nicht beherrschbare Bombe, die plötzlich explodieren kann. Menschen, die herumrennen und verantwortliches Verhalten im Namen Jesu ablehnen, können wir nicht gebrauchen! Schließlich hat jede Gesellschaft ihre Regeln. Regeln sind das Gerüst, das uns vor Anarchie schützt. Sie sagen uns, wie wir uns zu verhalten, was und wann wir etwas zu tun haben. Regeln und Gesetze schützen die Gesellschaft vor Chaos und Untergang. Leute, die die Regeln im Namen Jesu brechen, können wir nicht gebrauchen – oder?!

Ungeregeltes Benehmen

Sehen wir uns noch einmal die Kinder an. Kleine Kinder beginnen ihre Leben sehr ungeregelt, sie sind sich der von der Gesellschaft vorgeschriebenen Gesetze nicht bewusst, die, so sagen es die »Gesetzgeber« unserer Gesellschaft, zum Besten der Kinder und aller anderer bestehen. Schließlich werden Kinder sozialisiert. Domestiziert. Sie lernen, wie sie sich zu verhalten und wie sie sich an die kulturellen »Normen« zum höheren Wohl der Gesellschaft anzupassen haben. Kindern wird gesagt, dass Regeln zu lernen, verantwortlich und ordentlich zu werden und die Grenzen in unserer zivilisierten Welt zu erkennen Erwachsenwerden bedeutet.

Aber ist es das auch? Kann es nicht sein, dass wir unseren Kindern in dem Prozess der Sozialisierung die Unterscheidungsfähigkeit rauben zu erkennen, wann es Regeln zu folgen und wann es sie zu brechen gilt? Kann es nicht sein, dass wir unseren Kindern (und damit auch den Erwachsenen, die ja einmal Kinder waren) ihre kindliche Intuition genommen haben, die uns sagt, wie wir den großen Gesetzgeber erkennen können? Der christliche Glaube ist doch die ungezähmte Religion, in der es immer schon mehr darum ging, der *Person* Jesus zu folgen als Regeln.

Erinnern Sie sich noch, als Sie zum ersten Mal Ja zu Jesus gesagt haben? Sie kannten zwar nicht alle Regeln, aber Sie kannten Jesus. Leider trat die Kirche sofort dazwischen und sagte ihnen, dass Sie mehr als nur Jesus kennen müssten; es ginge schließlich auch um die Regeln des christlichen Glaubens, sonst würden Sie noch in Verwirrung und geistlicher Anarchie enden. Die Kirche hat immer Angst, wir könnten Fehler machen!

Fehler sind die garantierten Folgen einer leidenschaftlichen Hingabe. Fehler sind Zeichen eines Wachstums. Deshalb ist die Bibel voll von Menschen, die Fehler machen. Die Kirche sollte eigentlich der Ort sein, wo nicht nur mit Fehlern gerechnet wird, sondern wo sie auch willkommen sind.

Jedes Mal, wenn die Jünger versuchten, Regeln aufzustellen (keine Kinder in Jesu Nähe, keiner darf ihn berühren, mit einer Samariterin darf niemand sprechen, teure Öle und Salben dürfen nicht verschwendet werden), wurden sie von Jesus zurechtgewiesen, und dann setzte er hinzu: »Ihr habt's immer noch nicht begriffen! Wir ersetzen nicht religiöse Regeln durch unsere Regeln. Wir ersetzen religiöse Regeln *durch mich*!« Jesus sagte immer wieder: »Folgt mir nach.« Viele Christen haben in ihrem christlichen Leben nur gelernt, was sie nicht tun dürfen, anstatt darüber glücklich zu sein, was sie in Jesus tun können.

Der Regelverletzer

Das ist tragisch. Dabei wird völlig missverstanden, wer Jesus ist. Es war Jesus, der uns zeigte, dass Regeln von Zeit zu Zeit *gebrochen* werden müssen:
- Jesus berührte den Aussätzigen (gegen die Regeln – niemand durfte einen Aussätzigen berühren).
- Jesus brach den Sabbat (gegen die Regeln – bei den Pharisäern gab es unzählige Regeln gegen das Arbeiten am Sabbat).
- Jesus vergab Menschen ihre Sünden (gegen die Regeln – Ehebrecher hatten die Steinigung, nicht die Vergebung zu erwarten).

Die religiösen Autoritäten beschuldigten Jesus, immer und immer wieder die Regeln zu brechen. Sie sagten unmissverständlich, dass ein Messias keine Aussätzige berühren, keine Arbeit am Sabbat tun, keiner Ehebrecherin vergeben und sich nicht mit »Sündern« abgeben dürfe. Doch Jesus zeigte ebenso unmissverständlich: *Dieser Messias berührt Aussätzige und vergibt Ehebrechern. Dieser Messias ist ungezähmt und dient seinem Vater mit ganzer Hingabe.*

46

Jesus war der Gesetzesbrecher, weil er mit dem Gesetzgeber eins ist. Er allein entscheidet, welche Regeln und Gesetze gut und welche Unsinn sind. Deshalb folgen wir Christus mit aller Hingabe, wohin er uns auch führt. *Er lässt* uns wissen, welche Regeln wir zu befolgen und welche wir zu brechen haben.

Das klingt alarmierend, ja gefährlich. Genauso ist es! Im Glauben geht es um rückhaltlose Nachfolge, egal, wo Jesus hingeht. (Achtung: Ich sagte, wo *Jesus* hingeht. Ganze Hingabe bedeutet nicht, dass *wir* die Regeln machen und er *uns* nachfolgt. Christus mit ganzer Hingabe nachzufolgen gibt uns auch nicht die Erlaubnis, die zu töten, mit deren Regeln wir nicht einverstanden sind. Schließlich hat Jesus es sogar zugelassen, von den Gesetzeshütern nach ihren Gesetzen getötet zu werden.)

Echter Glaube ist gefährlich für Ihre Gesundheit. Geben Sie Acht und ziehen Sie sich warm an, denn Jesus – egal wohin – nachzufolgen ist viel gefährlicher, als die meisten realisieren. Fühlen Sie nicht, wie Ihr Puls schneller wird? Spüren Sie nicht wie ein Kind die Spannung und den Reiz, mehr über diesen kühnen, »hinterhältigen« Glauben herauszufinden?

Im Johannesevangelium lesen wir, wie Jesus seine gesetzesbrecherische Botschaft in der Synagoge von Kapernaum lehrte. »Ich bin das Brot, das vom Himmel gekommen ist.« Viele seiner Nachfolger regten sich fürchterlich über diese Worte auf. »Mensch«, sagten sie. (Dies ist eine sehr flapsige Übersetzung.) »Was du da sagst, ist ja verrückt. Du sagst, du kommst vom Himmel, aber wir haben mit dir als Kind gespielt. Wir kennen deine Mutter und deinen Vater. Im Alten Testament haben wir noch nie etwas davon gelesen, dass der Messias Verstecken spielt! Die Gesetzgeber sagen, dass jeder, der sagt, er kommt vom Himmel, ein Gotteslästerer ist. Du sagst uns, du bist das Brot und das Wasser des Lebens, und damit behauptest du von dir selbst, du bist Gott. Die Gesetzgeber erklären, Menschen wie du seien vom Teufel.« Johannes erzählt uns: »Von dieser Zeit an wendeten sich viele Jünger von ihm ab und folgten ihm nicht mehr nach.« (Johannes 6,25-66)

Kein Wunder. Jesus war auch zu eigenartig. Zu radikal. Zu gefährlich. Er brach zu viele Regeln. Wenn man einem Gesetzesbrecher folgt, tut man das auf eigene Gefahr. Kein Wunder, dass ihn alle verließen. Oder etwa nicht? Sehen wir noch mal genau hin. *Nicht alle*

Jünger wandten sich ab. Einige von ihnen, darunter auch Petrus, wollten bei ihm bleiben. Jesus selbst war davon überrascht und fragte die Zurückgebliebenen: »Wollt ihr mich auch verlassen?« Und Petrus antwortete: »Herr, wohin sollen wir gehen? Du hast Worte des ewigen Lebens!«

Petrus sprach aus, was er noch nicht einmal selbst richtig verstand: *Es gibt keinen anderen Weg, außer Jesus nachzufolgen.*

Petrus verstand, dass wahrer christlicher Glaube mehr als leidenschaftliche Hingabe ist. Er bedeutet etwas aufzugeben:

- Der reiche Jüngling konnte seinen Reichtum nicht aufgeben;
- die Pharisäer konnten ihre Religion nicht aufgeben;
- Pilatus konnte seine Macht nicht aufgeben.

Wo haben wir Angst davor, etwas aufzugeben? Unsere Bequemlichkeit? Unseren Terminkalender? Unsere Karriere? Unser Geld? Unseren Besitz? Unsere Theologie? Unser Bedürfnis nach Sicherheit? Unsere Angst, Fehler zu machen? Die Erwartungen unserer Eltern?

Hätte der reiche Jüngling seine Reichtümer aufgeben können, er hätte den Reichtum der Nachfolge Jesu entdeckt. Hätten die Pharisäer ihre Regeln aufgegeben, sie hätten sich jeden Tag in der Liebe des großen Gesetzgebers erwärmen können. Hätte Pilatus seine Macht aufgeben können, er hätte die wahre Macht erlebt, die in der Gebrochenheit und Demut liegt.

Was wollen wir sagen? Wir wollen wieder wie die Kinder werden, uns von den Gesetzeshütern losreißen und zu Jesus laufen.

Ein Leben in der Hingabe

Das klingt gut, oder? Es gibt nur einen Haken – unsere Angst. Wir haben Angst, Jesus Christus »in Hingabe« nachzufolgen.

Als unser Enkel Noah fünfzehn Monate alt war, verbrachten wir mit ihm ein paar Ferientage in einem Hotel, wo er zu seinem Entzücken einen Swimmingpool entdeckte. Sofort riss er sich von uns los, rannte zum Becken und quietschte aufgeregt: »Wah-wah!« Unversehens stand er am Beckenrand und wollte hineinspringen. Ohne die geringste Angst. Zum Glück konnten wir ihn davon abhalten, bevor er merkte, dass er unter Wasser nicht atmen konnte. Mit seinen fünfzehn Monaten befolgt Noah die Lebensregel: Erst springen, dann fürchten. Doch es wird nur ein paar Monate dauern, bis er die Regel gelernt hat, die wir alle kennen: Erst fürchten, dann springen.

Natürlich hätte ihn die Angst in diesem Fall vor dem Ertrinken geschützt, aber leider könnte Angst ihn in Zukunft leicht davon abhalten, überhaupt ins Wasser zu springen. Für viele Menschen gilt, dass die Angst, die uns als Kinder vor dem Sterben bewahrte, uns nun vom Leben abhält. Angst hält uns davon ab zu experimentieren, Risiken auf uns zu nehmen, Neues auszuprobieren, das Unbequeme zu wählen und unbekannte Gewässer zu erforschen, aus dem Dunkel zu treten und dorthin zu gehen, wo noch niemand war.

Jesus sagte ständig zu den Menschen in seiner Nähe: »Habt keine Angst.« Er wusste, dass in dieser Welt niemand in Sicherheit lebt. Wir nehmen jeden Tag Risiken auf uns. Die Frage ist nur, zu welchen Risiken wir bereit sind. Nachfolge Jesu ist ein Risiko. In Matthäus 10 sagte er seinen Jüngern – locker zusammengefasst: »Wenn ihr mir nachfolgt, ist nichts, was ihr besitzt, sicher, euch selbst eingeschlossen.« Wenn wir dem alle Regeln brechenden und die etablierte Religion bedrohenden Jesus folgen, ist unser Leben immer in Gefahr.

Christliches Leben heißt mehr, als nur Jesus zu finden, es bedeutet, Jesus zu folgen. Nachfolge ist, wie sich dann zeigt, kein einmaliger, spektakulärer Glaubensakt, sondern ein tagtägliches, normales, ganz unspektakuläres »Nachgehen« ohne Angst; es bringt uns durch ein höchst furchterregendes und unwirtliches Gelände zu einem Ort des Friedens, der Freude und der Hingabe.

Menschen, die Christus in Hingabe nachfolgen, sind furchtlos und ruhig. Sie stellen sich den schwierigsten Umständen mit Entschlossenheit und Beständigkeit, egal, ob sie Anerkennung oder Entmutigung erfahren.

Es ist die rückhaltlose Hingabe einer Mutter, die den Rat des Arztes und der Familie in den Wind schlägt und ihr mongoloides Kind nicht abtreibt. Die sich danach tagtäglich um ihre Tochter kümmert und jeden Abend nach einem langen, anstrengenden Tag Jesus lächeln sieht, um am nächsten Morgen festzustellen, dass sie wieder genug Kraft für diesen einen, neuen Tag hat.

Es ist die wild entschlossene Hingabe eines Zahnarztes, der seine lukrative Praxis aufgibt, um sich um seine alzheimerkranke Frau zu kümmern, während alle um ihn herum, seine Kinder eingeschlossen, der Meinung sind, er mache einen schrecklichen Fehler. Doch in den winzigen Augenblicken ihres kurzen Erkennens und in dem sanften Händedruck, als sie stirbt, sieht er Jesu Tränen der Bewunderung und Liebe.

Es ist die scheinbar unverantwortliche Hingabe einer jungen Frau, die eine fantastische Karriere beim Fernsehen aufgibt, um in hoffnungslos verarmten Dörfern von Brasilien zu arbeiten; dort bietet sie Straßenkindern ein Heim, die von ihren Eltern ausgesetzt wurden. Wenn sie erschöpft in Schlaf fällt, hört sie, wie Jesus sie mit sanften Worten lobt.

Es ist die entschlossene Hingabe eines Betreuers der Arche-Gemeinschaft, der sich liebevoll um einen fünfundzwanzig Jahre alten Mann kümmert, dessen Glieder sich aufs Geratewohl vom Körper wegstrecken, sinnlos, verloren, ohne Richtung, als ob eine fremde Kraft an ihnen ziehen würde. Trotzdem wird dieser jeden Tag von morgens bis abends von seinem Betreuer gehalten, gebadet, bekommt durch ihn Arme und Beine, erhält eine Sprache für seine im Körper eingeschlossene Stimme. Die Kosten sind hoch, die Forderungen endlos, der Erschöpfungszustand nach zwei Jahren fast 100 %, doch als der Helfer seine Taschen packt und sich verabschiedet – weint der Mann. Irgendwie schafft er es, die Verschlingungen seiner Botschaften zu entwirren, den richtigen Code zu schicken und Tränen hervorzubringen. Ein Wunder. Es ist der Lohn für die rückhaltlose Hingabe eines Menschen, der Jesus an diesen Ort gefolgt ist und ihn jetzt sagen hört: »Danke, danke.«

Die Bibel ist voller Berichte über solche rückhaltlose Hingabe. Über die Frau, die an schweren Blutungen litt, einer entwürdigenden Krankheit; mutig widersetzte sie sich dem Spott und dem Ärger der Menge und riskierte alles, nur um Jesus zu berühren (Markus 5,25-34).

Über jene Witwe, die jeden Tag in den Tempel kam, um ihr kleines Opfer zu bringen, obwohl ihre Gabe von ihrer Umgebung verhöhnt und verlacht wurde (Lukas 21,1-2).

Ein Leben in Hingabe ist ein Leben im Widerstand, in der Einsamkeit, in der Minderheit und vor allen Dingen ein Leben, das nicht verstanden wird.

Der Sänger, Songwriter und Entertainer Bill Harley erzählte letztes Jahr in einer Fernsehsendung die großartige Geschichte eines jungen Mädchens, das entgegen aller Regeln und Erwartungen ihrer Umgebung mit Hingabe liebte:

»Letztes Jahr spielte mein Sohn T-Ball, ein Mannschaftsspiel, das dem Baseball sehr ähnlich ist. Ich muss wohl nicht extra erwähnen, dass ich darüber sehr erfreut war. Nun gab es in der gegnerischen Mannschaft ein Mädchen, das ich Tracy nennen möchte. Tracy war jede Woche dabei; das weiß ich so genau, weil die Mannschaft meines Sohnes immer gegen ihre Mannschaft spielte. Tracy war nicht besonders gut. Zudem hatten ihre Brillengläser die Stärke einer Coca-Cola Flasche, und hinter jedem Ohr trug sie ein Hörgerät. Wenn sie in ihrer unbekümmerten Art lief, zog sie die Füße in großen, ungelenken Schritten nach und ruderte mit einem Arm wild in der Luft herum.

Alle Zuschauer auf der Tribüne feuerten sie an, selbst wenn die eigenen Kinder zur gegnerischen Mannschaft gehörten. Doch in keinem Spiel erlebte ich, dass sie den Ball wenigstens annähernd traf. Der Ball, der auf dem Abschlagplatz, dem so genannten ›tee‹ lag, schien immer umsonst darauf zu warten. Manchmal, nach zehn oder zwölf Schlägen, traf Tracy stattdessen das ›tee‹. Der Ball fiel herunter und landete nur zehn Zentimeter von der ›home plate‹ auf dem Rasen. ›Lauf, lauf!‹, schrie Tracys Trainer, und Tracy machte ein paar ungelenke Sprünge Richtung ›first base‹, wobei sie, ein Lächeln auf dem Gesicht, den Schläger mit beiden Händen festhielt. Normalerweise schnappte sich aber jemand in aller Ruhe den Ball und schlenderte damit ins Ziel, noch bevor sie die ›first base‹ erreichen konnte.

Im letzten Spiel der Saison trat Tracy wieder an, und – entweder war es ein reiner Glückstreffer oder das Gesetz des Zufalls wollte es so haben – sie traf den Ball! Sie schmetterte ihn weit ins Spielfeld hinein, durch die Beine von siebzehn Spielern hindurch. Manche von ihnen waren auf die Seite gesprungen, andere sahen verdutzt dem Ball nach, der, scheinbar immer schneller werdend, über die ›second base‹ hinaus in die Mitte des Spielfelds rollte. Doch auch dort kam der Ball noch lange nicht zum Stillstand. Habe ich erwähnt, dass es beim T-Ball keine Außenspieler gibt? Nur zu Beginn eines jeden Spiels halten sich ein paar Spieler am Rand des Spielfelds auf, doch im weiteren Verlauf wandern sie nach innen, um näher am Geschehen oder wenigstens näher bei ihren Freunden zu sein.

Als Tracy den Ball getroffen hatte, blieb sie glückselig auf der ›home base‹ stehen. ›Lauf!‹, schrie der Trainer. ›Lauf!‹ Alle Eltern, ja, alle Zuschauer sprangen auf und schrien: ›Lauf, Tracy, lauf!‹ Tracy drehte sich um, lächelte uns an und stolzierte dann voller Freude, uns einen Gefallen zu tun, zur ›first base‹. Dort angelangt, blieb sie wieder stehen und der Trainer ruderte wild mit den Armen. ›Weiter, Tracy, weiter!‹ Um ihm einen Gefallen zu tun, machte sie sich Richtung ›second base‹ auf. Doch während sie noch auf halbem Weg dorthin war, hatten sieben Spieler der gegnerischen Mannschaft den Ball zu fassen bekommen und reichten ihn untereinander weiter. Die Spielregeln beim T-Ball besagen nämlich, dass alle Spieler der Verteidigungsmannschaft den Ball berühren müssen.

So begann der Ball seinen weiten und umständlichen Weg zurück zur ›home base‹, wobei er von einer Spielfeldseite zur anderen wanderte. Tracy war währenddessen unterwegs zur ›third base‹. Die Zuschauer sprangen fast von der Tribüne. ›Lauf, Tracy, lauf!‹ Tracy erreichte die ›third base‹ und wollte wieder stehen bleiben, doch jetzt war sie nahe an der Zuschauertribüne und hörte die Zurufe. Der Trainer stand auf der ›home plate‹ und schrie ihren Namen, während der Ball über den Kopf des Spielers auf der ›first base‹ hinwegflog und in der Nähe der Reservebank landete. ›Na komm schon, Tracy! Komm, Kleines! Du schaffst einen ›home run‹!‹

Und Tracy machte sich auf zur ›home base‹ – doch da passierte es. Während des Tumults hatte niemand den alten, arthritischen Köter bemerkt, der sich, nur ein paar Meter von der ›third base‹ entfernt, faul vor die Tribüne gelegt hatte. Als Tracy am Hund vorbeilaufen wollte, wachte er von dem Geschrei auf, setzte sich hin und wedelte mit dem Schwanz. Die Zunge hing ihm aus dem Maul, das zu einem unverkennbaren Grinsen verzogen war, und Tracy blieb genau vor ihm stehen. Sie war fast am Ziel, nur noch zehn Meter von der ›home base‹ entfernt.

Sie sah den Hund an. Der Trainer rief: ›Los, Tracy, komm schon!‹ Er ging neben der ›home base‹ auf die Knie und bettelte sie an weiterzulaufen. Auch die Menge feuerte sie an: ›Lauf weiter, Tracy, lauf weiter! Lauf weiter!‹

Tracy warf einen Blick auf die Erwachsenen, dann auf ihre Eltern, die ebenfalls riefen und winkten und alles auf Video festhielten. Dann sah sie wieder zu dem Hund hinüber. Der wedelte mit dem Schwanz. Sie warf einen Blick auf den Trainer – auf die ›home base‹ – und wieder auf den Hund. Alles spielte sich wie in Zeitlupe ab. Und Tracy lief zum Hund! Es war ein Augenblick, in dem tiefste Stille herrschte. Doch dann begann, nicht sehr laut, aber dafür umso herzlicher, der Applaus für Tracy, die sich hinkniete und den Hund umarmte. An der ›third base‹ war eine Entscheidung gefallen. Tracy hatte sich für den Hund entschieden.«

Dieses Mädchen wurde in ihrem Leben plötzlich vor eine Wahl gestellt. Der eine Weg war die Einhaltung von Regeln und Erwartungen, der andere ein Weg der Liebe. Die Entscheidungen in unserem Leben sehen oft ähnlich aus. Wählen wir den sicheren, überschaubaren Weg der Regeln und Erwartungen? Oder entscheiden wir uns für den einen, den wir lieben – für Jesus, der uns bittet, ihm mit rückhaltloser Hingabe zu folgen?

Kühne Verspieltheit
oder: Wie Gott Spiel und Heiterkeit gebraucht

»Das Leben ist hart. Es nimmt viel Zeit in Anspruch, alle Wochenenden, und was bekommt man am Schluss dafür? Ich meine, der Lebenslauf sollte sich umkehren. Zuerst das Sterben, damit man das hinter sich hat. Dann zwanzig Jahre in einem Altenheim leben. Ist man dafür zu jung, wird man rausgeschmissen. Dann folgen vierzig Jahre Arbeit, bis man jung genug ist, um sich über die Rente zu freuen. Man besucht die Uni oder eine höhere Schule; anschließend folgt die Grundschule, dann der Kindergarten. Man wird ein Kind und spielt nur noch, ganz ohne Verantwortung.

Schließlich wird man ein Baby; man kehrt in den Mutterschoß zurück, verbringt die letzten neun Monate im Schwebezustand und endet als Funken in den Augen irgendeines Menschen.« (anonym, zitiert in einer Predigt von Rabbi Edward Paul Cohn)

»Ich bin nie jung gewesen, weil ich es nie gewagt habe, jung zu sein.« (George Bernanos, Tagebuch eines Landpfarrers)

Es war an einem normalen Wochenende. Ich war neun Jahre alt. Wie es in den fünfziger Jahren so üblich war, musste ich zu einer bestimmten frühen Zeit ins Bett, die jedoch wegen der Sommerferien um eine halbe Stunde verlängert wurde. Als Einzelkind hatte ich oft Freunde über das Wochenende zu Besuch. An einem regnerischen Samstag Abend beschlossen mein Freund und ich, uns in meinem Zimmer eine Höhle zu bauen. In dieser völlig dunklen Höhle wollten wir so tun, als wären wir vollkommen verloren und ohne jede Hoffnung, je wieder herauszukommen.

Die Höhle sollte unter meinem Bett sein, das wir mit Decken so verhängten, dass kein Lichtstrahl eindringen konnte; im Inneren der Höhle lagen unsere Schlafsäcke. Um die Umgebung noch etwas gefährlicher zu gestalten, umstellten wir das Bett mit einem Gewirr aus Stühlen, Lampen und Kissen und vervollständigten das Ganze mit einem geheimen Eingang aus Bügeln und Handtüchern. Wir mussten sehr leise arbeiten, damit uns mein Vater nicht hören konnte. (Mein Vater war streng. Wenn es Zeit zum Schlafengehen war, war es Zeit, da gab es kein Pardon.) Nachdem wir sehr vorsichtig und leise unsere Höhle gebaut hatten, krabbelten wir hinein und wollten dort den restlichen Abend »eingesperrt« bleiben. Doch schon bald wurde es uns zu lang und wir entschlossen uns zur Flucht.

Leise und vorsichtig begannen wir uns einen Weg durch das Labyrinth nach draußen zu bahnen. Ziel war es, ohne entdeckt zu werden (nämlich von meinem Vater) oben auf die Höhle (das Bett) zu gelangen, wo wir frei wären. Nachdem wir, als eine Lampe umgefallen war, beinahe ertappt worden wären, schafften wir es tatsächlich aufs Bett und begannen, dort oben herumzuspringen – und entdeckten plötzlich ein physikalisches Gesetz. Wir bemerkten, dass wir uns gegenseitig immer höher katapultieren konnten, wenn der eine genau in dem Moment aufs Bett sprang, in dem der andere hochsprang. Es wurde uns beiden gleichzeitig sonnenklar, dass wir mit etwas Übung sogar die Decke erreichen konnten. Natürlich gab es jetzt keine Frage mehr – wir mussten die Decke erreichen! Das war unser Ziel! Je stärker wir sprangen, umso entschlossener wurden wir und umso mehr vergaßen wir das donnernde Geräusch, das mein Bett bei jeder Landung machte.

Plötzlich wurde die Tür zu meinem Zimmer aufgerissen und ein riesiger Schatten fiel auf den Fußboden, während die Silhouette meines Vaters wie die eines vorgeschichtlichen Monsters in der Tür erschien. Seine Stimme war bestimmt noch zwei Häuser weiter zu hören: »INS BETT – SOFORT!« Wir mussten wie zwei zu Eis erstarrte Gummimännchen ausgesehen haben. Keiner von uns sagte ein Wort. Wir vergaßen die Höhle, schoben langsam die überflüssigen Decken vom Bett und schlüpften hinein. Mein Vater schloss die Tür und wir schliefen ein.

Mein Vater ist ein liebevoller, gutherziger Mann; er hatte nur getan, was jeder Vater tun würde, wenn Geräusche wie bei einem Erdbeben aus dem Zimmer seines Sohnes kommen. Aber wenn ich an diese Nacht vor sechsundvierzig Jahren zurückdenke, trifft mich eine merkwürdige Erkenntnis: *Ich bin nie wieder auf meinem Bett gesprungen.*

Wenn man aber mit neun Jahren nicht auf seinem Bett springen kann, wann dann? Noch bevor es einem zu Bewusstsein kommt, hat man nicht nur mit dem Springen, Hüpfen und Versteckspielen aufgehört – man spielt *überhaupt* nicht mehr!

»Kommt mal her, Jungs, ich zeige euch, wie man springt!«

Ich habe mich oft gefragt, was passiert wäre, wenn an diesem Abend Jesus die Tür geöffnet und uns bei unserem Spiel entdeckt hätte. Natürlich kann ich es nicht wissen, aber ich vermute, dass Jesus uns einen Moment lächelnd zugesehen und dann gesagt hätte: »Kommt mal her, Jungs, ich zeige euch, wie man springt!«

Mehr als zwanzig Jahre lang führte jemand ein zweistündiges Ein-Mann-Stück über das Leben von Jesus Christus auf, das er das *»Fünfte Evangelium«* nannte.[9] Wie er das schaffte, ist mir immer noch unerklärlich, aber er spielte alle Figuren selbst – die Jünger, Jesus, Pilatus, den Aussätzigen, den Blinden usw.

Mit Vorliebe spielte er eine Szene, in der Jesus und seine Jünger im Jordan ein Bad nehmen. Jesus und die Jünger baden also alle im Fluss, da holt der geliebte Jünger Johannes vom Grund des Flusses einen riesigen Schlammklumpen herauf. Keiner der anderen bemerkt es, weil sie damit beschäftigt sind, sich zu waschen. Johannes zielt genau auf seine bevorzugte Zielscheibe – Petrus. *Platsch!* Der Schlammklumpen landet im Gesicht des Petrus. Sofort taucht Johannes unter Wasser und tut so, als würde er sich eifrig waschen. Doch Petrus holt selbst einen Schlammklumpen herauf, zielt gut auf Matthäus und – lässt ihn fliegen. *Wumm!* Jakobus verliert keine Zeit, sich ins Spiel einzumischen, und kurz darauf ist der Wahnsinn nicht mehr zu stoppen.

Eine ausgewachsene Schlammklumpen-Schlacht ist im Gang. Philippus und Bartholomäus schleichen sich an Judas heran, den sie noch nie besonders mochten, und bombardieren ihn mit zwei Schlammklumpen. Auch Simon der Zelot, der mit Johannes auf Kriegsfuß steht, weil er ihn für einen Schwächling hält, tut sich keinen Zwang an und wirft einen Schlammklumpen nach Johannes. Doch Johannes duckt sich rechtzeitig und die Matschbombe trifft

Jesus genau auf der Stirn. Alle Jünger erstarren. Nach einer schier endlosen Stille beugt sich Thomas zu Simon hinüber und flüstert: »Du Idiot! Du hast den Sohn Gottes mit Matsch beworfen, jetzt wird er aus uns eine Kröte machen!« Langsam sieht Jesus jeden Jünger an, jeder befürchtet das Schlimmste. Mit einem wissenden Lächeln hält Jesus inne, als sein Blick auf Simon fällt, der ihn nicht anzusehen wagt. Jesus greift selbst nach unten, holt einen riesigen Schlammklumpen herauf und *paff!* trifft Simon genau am Kopf. Während der Schlamm Simon noch übers Gesicht läuft, brechen alle in Gelächter aus, einschließlich Jesus.

Der Schauspieler sieht Jesus so wie ich. Jesus konnte genauso beten wie spielen; er konnte lachen wie weinen; er nahm das Leben sehr ernst, aber nicht immer sich selbst. Jesus Christus kam nicht nur, um uns von unseren Sünden zu erlösen, er wollte uns auch davor bewahren, hart und zu streng zu werden. Liest man die Bergpredigt, kommt man nicht umhin, spielerische Züge an Jesus zu entdecken:

Seine Bemerkungen über das Fasten: »Tut es nicht mit saurer Miene wie die Pharisäer« (Matthäus 6,16).

Seine Worte über das Sorgen: »Seht euch die Vögel an! Sie säen nicht, sie ernten nicht, sie sammeln keine Vorräte, aber euer himmlischer Vater sorgt für sie. Und ihr seid viel mehr wert als die Vögel! Wer von euch kann durch Sorgen sein Leben auch nur um einen Tag verlängern?« (Matthäus 6,25-27)

Seine Worte über das Gebet: »Wer von euch würde seinem Sohn einen Stein geben, wenn er um ein Stück Brot bittet? Oder eine Schlange, wenn er um Fisch bittet?« (Matthäus 7,9-10)

Seine Bemerkungen über den dummen Bauherrn: »Wer dagegen meine Worte hört und sich nicht nach ihnen richtet, wird am Ende wie ein Dummkopf dastehen, der sein Haus auf Sand baut.« (Matthäus 7,26)

Jesu Sprache war humorvoll und bildreich, voller Ironie und Übertreibung. Wenn er redete, muss er es immer wieder mit einem Zwinkern in den Augen getan haben. Immerzu benutzte er Geschichten, Parabeln und tatsächliche Begebenheiten, um die Blindheit seiner Kritiker aufzudecken. Wenn viel auf dem Spiel stand, wenn es um Wahrheit ging oder um die Herzen von Männern und Frauen, dann benutzte Jesus ungewöhnliche Sprachspiele im Kampf mit seinen Kritikern und lockte Menschen aus der Reserve, die sich sonst um Wahrheit nicht scherten. Kein Wunder, dass »alle von seinen Worten tief beeindruckt waren«, wenn er seine Rede beendet hatte (Matthäus 7,28). Kein Wunder auch, dass die Menschen sagten: »Er spricht wie einer, der Vollmacht von Gott hat – ganz anders als die Schriftgelehrten« (Matthäus 7,29). Jesu Worte waren nicht düster, bedrückend und bedrohlich, sie waren voller Vitalität, farbiger Bilder und lebensnaher Charaktere, es waren lustige Geschichten, von denen die Zuhörer nicht genug kriegen konnten.

Eugene Peterson beschreibt, welch große Wirkung eine spielerische Parabel haben kann: »Jesu bevorzugte Redeform, die Parabel, hatte subversiven Charakter. An seinen Gleichnissen scheint nichts Ungewöhnliches zu sein; es sind ›normale‹ Geschichten über Saat und Boden, Münzen und Schafe, Banditen und Opfer, Bauern und Händler. Und sie sind allesamt weltlich; von den etwa vierzig Parabeln, die in den Evangelien aufgeschrieben sind, spielt nur eine in einer Kirche und nur in wenigen wird der Name Gottes erwähnt. Als die Menschen Jesus diese Geschichten erzählen hörten, dachten sie auf den ersten Blick, dass sie nicht von Gott handelten, also fühlten sie sich in ihrer Souveränität durch nichts bedroht. Sie gaben ihre Verteidigungshaltung auf. Verblüfft und verwundert gingen sie nachher fort. Die Geschichten hatten sich in ihrer Phantasie festgesetzt und die Menschen überlegten, was sie wohl bedeuten sollten. Doch dann explodierten diese Erzählungen urplötzlich wie eine Zeitbombe in ihren nicht mehr abgeschotteten Herzen. Jesus hatte doch Gott gemeint, und sie waren überrollt worden!«[10]

Jesus verstand, dass er die Ernsthaftigkeit des Evangeliums schützen konnte, indem er seinem Leben und seiner Botschaft den Anstrich des Spielerischen gab.

Ist Spielen etwas Unanständiges?

Wenn Menschen hören, dass ich ordinierter Geistlicher bin und eine Gemeinde leite, befällt sie sofort ein Gefühl des Unbehagens. Sie wissen nicht recht, wie sie sich in der Gegenwart eines Geistlichen verhalten sollen, und nehmen an, dass Spiel und Spaß hier keinen Platz haben.

Neben uns wohnen zwei Jungen im Teenager-Alter, die wissen, dass ich Geistlicher bin und sich mir gegenüber lange Zeit sehr distanziert verhielten. Wenn wir uns zufällig auf der Straße trafen, reagierten sie nur selten durch ein Winken und einen Gruß. Doch dann geschah an einem Abend im Juli etwas ganz Unerwartetes.

Meine Frau und ich saßen gegen zehn Uhr abends auf unserer Terrasse. Die zwei Jungen spielten mit ein paar Freunden Basketball in ihrer Einfahrt. Die Freunde hatten ihr Auto vor dem Haus geparkt, die Türen offen gelassen und die Musik auf volle Lautstärke gedreht. Die Eltern waren nicht zu Hause und konnten nichts dagegen unternehmen. Jungen sollten an einem heißen Sommerabend unbedingt Basketball spielen, aber ich beschloss, noch ein wenig mehr Leben in ihr Spiel zu bringen.

»Vor zwei Wochen war der 4. Juli«, bemerkte ich zu meiner Frau. Das ist der amerikanische Nationalfeiertag.

»Gut, das zu hören, Liebling«, antwortete sie. »Dann lebst du wenigstens gedanklich in derselben Zeit wie wir.«

»Nein, nein, das meine ich nicht. Ich dachte an die Feuerwerksknaller, die wir noch übrig haben; ich hätte Lust, mir damit einen kleinen Spaß mit unseren Nachbarjungs zu machen. Wie wär's, wenn wir ein paar Knaller über den Zaun werfen und warten, was passiert?«

Sie sah mich streng an. »Ist das dein Ernst?«

»Ja«, erwiderte ich verschmitzt.

»Okay!«, sagte sie. »Dann los!«

Unser Abenteuer begann damit, dass sich meine Frau hinter einen Baum stellte, während ich am Zaun entlangschlich, bis ich glaubte, nahe genug zu sein. Ich warf ein paar Knaller über den Zaun, lief dann schnell zu meiner Frau hinter den Baum und wartete. Nichts. Die Jungs konnten nichts hören, weil ihr Spiel und die Musik viel zu laut waren.

Doch so schnell gab ich mich nicht geschlagen. Dieses Mal schlich ich mich näher heran und hatte eine ganze Kette von Knallern dabei, die ich über den Zaun warf. *Peng! Peng, peng, peng!*

Die Musik hörte auf, die Lichter gingen aus und die Jungen schrien: »Was war das?« Sie rannten ins Haus und kamen wenige

Minuten später zurück, jeder mit einer Taschenlampe in der Hand. Wir hörten sie laut überlegen, wer der Übeltäter gewesen sein mochte. »Es war bestimmt Jessica (unsere Tochter), nein, wahrscheinlich war's Jonathan (unser anderer Nachbar).«

Die Lichter der Taschenlampen irrten hin und her, als die Jungen den Zaun absuchten. Meine Frau und ich standen weit vom abgesuchten Gelände hinter unserem Baum versteckt, als plötzlich, ohne Vorwarnung, ein Junge über den Zaun sprang und uns zwei im grellen Licht seiner Taschenlampe überraschte. Der Ausdruck auf seinem Gesicht war unbeschreiblich. Er starrte uns einige Sekunden an, bis er begriff, was er entdeckt hatte, und schrie dann zu den anderen hinüber: »Affengeil! Es waren die Eltern!« Zehn Minuten später war unser Haus übersät von Klopapierschnitzeln. Wir antworteten mit Wasserbomben.

Seitdem hat sich meine Beziehung zu unseren Nachbarjungen völlig verändert. Wenn wir uns jetzt zufällig treffen, reden und lachen wir ohne Probleme. Das stereotype Bild des Geistlichen ist verschwunden, jetzt sind wir Freunde, weil wir verspielt wie Kinder miteinander umgegangen waren.

Nur weil wir glauben, dass es beim Evangelium um alles oder nichts geht, müssen wir uns nicht so benehmen, als wären wir schon tot. Auch zur Zeit Jesu konnten sich die Menschen durchaus spielerisch verhalten. Da ist die fast amüsante Geschichte von den Freunden eines Gelähmten. Er litt an einer ernsten Krankheit. Jesus zog immer mehr Menschen an. Er lehrte gerade in einem Privathaus, und die Menge war so groß geworden, dass »kein Platz mehr blieb, nicht einmal draußen vor der Tür« (Markus 2,2). Nun wollte eine Gruppe von Männern diesen Gelähmten zu Jesus bringen, und weil sie nicht zu ihm gelangen konnten, beschlossen sie, den Mann auf das Dach des Hauses zu tragen und das Dach aufzumachen.

Dieses Verhalten war doch einfach unglaublich! Die Männer rissen einfach ein fremdes Dach auf, nur um zu Jesus zu kommen! Ich kann förmlich sehen, wie sie das Dach abdeckten, unter der lautstarken Kritik, so ein Verhalten sei bestenfalls kindisch. Aber es war ihnen egal. Sie fühlten sich so gut wie noch nie und das Dach konnte später repariert werden. Unreif, dumm, unverantwortlich.

Jesus hingegen honorierte ihr Verhalten. Der Glaube dieser Männer beeindruckte ihn, er machte sich über ihr »kindisches«

Handeln keine Gedanken, sondern freute sich über ihren Einfallsreichtum. Keine Belehrungen. Kein erhobener Zeigefinger. Ich glaube, dass er auch die Phantasie der Männer belohnte, als er den Gelähmten heilte.

Wie sieht es denn bei uns aus? Für viele Christen ist spielerisch zu handeln keine willkommene Idee. Das klingt unanständig und oberflächlich, zu wenig ernsthaft, ablenkend und uneffektiv. Wir leben in einer hochtechnisierten Welt, die der Leistung und der Aktivität huldigt. Unter dem Deckmantel der Zeitersparnis lassen wir uns von E-mail, Fax und Telefon vereinnahmen. Jeder Tag endet in Erschöpfung durch die Forderungen unseres Terminkalenders und jeder neue Tag begrüßt uns mit noch mehr Anforderungen. Wie können wir uns Zeit zum Spielen nehmen, wenn der Berg der Arbeit und der Probleme jeden Tag wächst? Wie können wir es wagen zu spielen, wenn die Welt in Armut, Hunger und Krieg versinkt?

Doch Spielen ist ein Ausdruck von Gottes Gegenwart in dieser Welt; und ein klares Zeichen von Gottesferne in unserer Gesellschaft ist das Fehlen von Spiel und Lachen. Spielen ist keine Flucht, es ist die Möglichkeit, dem Würgegriff des Leistungsdrucks und der Angst zu entkommen. Spielerisch handeln ist ein moderner Ausdruck von Hoffnung, ein Fest für das Licht des Evangeliums.

Spielerisch reagieren

Anstatt als Christen wegen des Zustands dieser Welt in Sack und Asche herumzulaufen, sollten wir uns lieber ein Spiel ausdenken, zum Beispiel: »Wie erobere ich meine Nachbarschaft?« Vielleicht brauchen unsere Nachbarn Jesus, aber zuerst brauchen sie einen vergnüglichen Abend mit uns. Unsere Kinder brauchen bestimmt Strenge, aber vor allen Dingen brauchen sie ein Tischtennis-Match mit der Familie.

Was würde geschehen, wenn wir die Welt dadurch zu gewinnen versuchten, dass wir Menschen in das Reich Gottes hinein*spielten*? Was würde geschehen, wenn wir Menschen zu uns nach Hause einlüden und ihnen, anstatt von Freude nur zu reden, unsere Freude vorlebten, indem wir mit ihnen spielten? Was wäre, wenn wir in unseren Kirchen nicht nur »Amen«, sondern auch Lachen hören würden? Ein Freund gehört zu einer Gemeinde, die überlegt, ob sie ihre Kirche unter das Motto »Wir sind die Kirche, die spielen kann« stellen soll. Ich glaube, da sind sie auf einem guten Weg.

Was würde sich in manchen Familien durchschlagend ändern, wenn sie zu einem Ort würden, an dem nicht nur gebetet, sondern auch gespielt würde?

Wenn man jemanden siebzehn Jahre lang kennt, ist das eine lange Zeit, und Rons Eltern dachten, sie würden ihren Sohn gut kennen. Was in jenem entscheidenden Sommer geschah, werden Rons Eltern wohl nie herausfinden, aber als die Schule wieder begann, war aus ihrem »normalen« Sohn mit guten Noten ein »Punker« geworden. Schwarz war die einzige Farbe, die er von nun an trug, angefangen vom schwarzen T-Shirt über die schwarze Hose zu den schwarzen Motorradstiefeln; die (insgesamt siebzehn) Ohrringe, der Irokesenschnitt und die Verbohrtheit, mit der er ohne Pause Heavy-Metal-Musik hört, erinnerten in keiner Weise mehr an den Ron von früher.

Seine Eltern machten sich große Sorgen. Ihr Haus hatte sich in ein Kriegsgebiet verwandelt. Jeden Tag, wenn sie nach Hause kamen, gingen sie zu Rons verschlossenem Zimmer, in dem die Musik so laut aufgedreht war, dass die Wände wackelten. Laut riefen sie und schlugen gegen die Tür, damit Ron die Musik leiser drehte.

Nach sechs Monaten wachsender Spannung beschlossen Rons Eltern, sich Rat bei einem Erziehungsberater zu holen, um ihren Sohn nicht ganz zu verlieren. Viele Dinge kamen bei den über mehrere Monate geführten Gesprächen ans Licht, doch einer der Vorschläge, die der Berater den Eltern machte, klang so absurd, dass sie zögerten, ihn auszuprobieren.

Der Pädagoge gab ihnen folgenden Rat: »Wenn Sie heute Abend nach Hause kommen, gehen Sie wieder zum Zimmer Ihres Sohnes, klopfen an die Tür, und wenn er antwortet, bitten Sie ihn, nach oben zu kommen, weil Sie mit ihm sprechen wollten. Erscheint er dann endlich und lässt sich streitlustig auf einen Stuhl in der Küche fallen, sehen Sie ihm fest in die Augen und sagen: Ron, deine Mutter und ich zählen jetzt bis 100, und du versteckst dich.«

Wenn man seinen Sohn so liebt wie diese Eltern, dann treibt die Liebe zusammen mit der Verzweiflung dazu, alles zu versuchen, und sei es, Verstecken zu spielen. An einem Abend probierten sie es tatsächlich aus. Kann sich jemand den Ausdruck auf Rons Gesicht vorstellen? Kann sich jemand vorstellen, was er seinen Freunden am nächsten Tag erzählte? »Ihr könnt nicht glauben, was gestern Abend bei uns los war. Ich hab' mit meinen Oldies bis um drei Uhr früh Verstecken gespielt. Sie sind immer noch verschwunden.« Ron wurde zwar kein Republikaner und hörte seitdem auch keine Country-Musik, aber als seine Eltern mit ihm spielten, durchbrachen sie die seit langer Zeit bestehende Spannung und leiteten einen langsamen Heilungsprozess ein.

Eine mir bekannte Familie steckte in einer Finanzkrise. Ihre finanzielle Situation war so schlecht, dass die Eltern all ihren Besitz zu Geld machen mussten. Weihnachten drohte ein trauriges Fest zu werden. Es war schon schwierig, die Familie ausreichend mit Kleidung und Essen zu versorgen, deshalb kamen Weihnachtsgeschenke einfach nicht in Frage. Mutter und Vater entschlossen sich, ihren fünf Kindern die Wahrheit über ihre Situation zu sagen. Dieses Jahr würde es zu Weihnachten keine Geschenke geben. Deshalb wollten sie gemeinsam überlegen, was sie tun wollten. Die Kinder meinten dazu: »Wir machen einfach ein Weihnachten der Gutscheine. Anstatt uns gegenseitig etwas zu schenken, was Geld kostet, schenken wir uns lieber Gutscheine für irgendetwas Nettes.« In diesem Jahr erhielt jedes Familienmitglied ein Gutscheinheft.

Von den Kindern für die Eltern:

Wenn du einmal nicht abspülen willst, lege diesen Gutschein vor, dann spüle ich für dich ohne Murren ab.
GILT EINMAL

Schaffst du die Wäsche nicht? Kein Problem, bei Vorlage dieses Gutscheins mach' ich sie für dich.
GILT EINMAL

Und von den Eltern für die Kinder:

Null Bock? Behalte diesen Gutschein, bis Mama und ich ihn vergessen haben. Wenn du – egal aus welchen Gründen – einmal null Bock hast, lege diesen Gutschein vor, und es ist in Ordnung.
GILT AUF ALLE FÄLLE NUR EINMAL

Die ganze Familie ist sich bis auf den heutigen Tag einig, dass das »Weihnachten der Gutscheine« ihr schönstes war. Sie entdeckte, dass Gott sich in ihrer finanziellen »Armut« verbarg.

Gott verbirgt sich

Gottes Wesen ist kreativ, reich, überfließend und spielerisch. Er ist nicht nur im Sichtbaren gegenwärtig, sondern auch im Unsichtbaren, und wir erleben viel Freude, wenn wir ihn dort entdecken, wo wir ihn niemals vermutet hätten. Er verbirgt sich in Schwierigkeiten, im Leiden, in der Armut, er verbirgt sich im Versagen und allen Erfahrungen unseres Lebens. Wie die Lebensumstände auch sein mögen, Gott ist da, unsichtbar, verborgen; er wartet darauf, von uns entdeckt zu werden, und möchte uns zeigen, dass wir im Schatten wie im Licht von ihm lernen können.

Ich habe bereits erwähnt, wie lebensverändernd meine Erfahrungen in der Arche-Gemeinschaft waren. So viele meiner Vorstellungen wurden in dieser Woche zerstört. Ich hatte erwartet, Gott im Leben von Menschen zu sehen, die »ganz« sind. Stattdessen hielt sich Gott in den »zerbrochenen« Leben verborgen, im Leben der geistig Behinderten – besonders in dem eines Mädchens, das ich Deborah nennen will. Der Körper dieser Fünfundzwanzigjährigen ist von einer Gehirnlähmung gezeichnet, er kann genauso viel von sich aus tun wie der zerbrochene Holzkörper einer Puppe. Ständig muss sie von jemandem gestützt und gehalten werden. Sie kann weder sprechen noch irgendeine Regung zeigen, deshalb – so muss ich jetzt beschämt zugeben – konnte ich nicht verstehen, warum Henri Nouwen sie bei unseren täglichen Bibelarbeiten teilnehmen ließ.

Den Grund fand ich sehr bald heraus. Zwei Tage nach unserer Ankunft sollte Deborah das erste Mal am Abendmahl teilnehmen. Es war ein festliches Ereignis, und wir waren dazu eingeladen. Wir betraten das Gebäude, in dem sechzig geistig behinderte Mitglieder der Gemeinschaft und zwei Dutzend Mitarbeiter versammelt waren. Ich war mit großen Erwartungen in diesen Abend gegangen, weil ich hoffte, Gottes Gegenwart in besonderer Weise zu erleben. Deborah saß fest angeschnallt in einem Rollstuhl, ihr Gesicht strahlte, ihre Haare waren sorgfältig gekämmt und sie trug ein auffallend schönes Kleid. Im Raum war es voll und laut, und als die Abendmahlsfeier begann, sank mir das Herz.

Die Unruhe und der Lärm lenkten mich ab. Die Teilnehmer mit dem Down-Syndrom summten laut und schaukelten in einem Rhythmus hin und her, der nur für sie vernehmbar war. Ein Mädchen schrie alle paar Minuten gellend auf, und der Gottesdienst musste kurzzeitig unterbrochen werden, weil ein Teilnehmer einen epileptischen Anfall hatte.

Ich war so enttäuscht, weil dieses chaotische Durcheinander mich um meine Erfahrung mit Gott gebracht hatte. Beim Abendmahl schmollte ich innerlich und zählte die Minuten, bis ich endlich gehen konnte.

Als Henri Nouwen zu Deborah kam, hörte ihr Körper plötzlich mit den unkontrollierten Zuckungen auf, in ihren Augen leuchtete es, sie öffnete den Mund, um Brot und Wein zu empfangen, und da, ganz zart, ganz fein, sah ich, wie sie lächelte! Sofort verwandelte sich der Lärm im Raum für mich zu etwas, was vielleicht im Stall zu Bethlehem zu hören gewesen war. *Gott war da!* Sein Duft erfüllte den Raum.

Deborah – das Mädchen, das absolut nichts tun konnte, das nie einen Vortrag halten würde, nie tanzen, nie ein Buch schreiben, nie Klavier spielen oder singen würde – sie lehrte mich etwas über die Gnade Gottes! Seit fünfzig Jahren hatte ich darum gekämpft, Gottes bedingungslose Liebe annehmen zu können; seit fünfzig Jahren hatte ich versucht, Gott meinen Wert durch Aktivitäten zu beweisen, und jetzt war es so, als hätte mich diese völlig hilflose Deborah an den Schultern gepackt und mir ins Gesicht gesagt: »Gott liebt dich so, wie du bist! Nimm seine Liebe an!« Ich erkannte, Gott hatte sich in Deborah verborgen gehalten. Seitdem bin ich ein völlig anderer Mensch.

Gott verbirgt sich – und sucht

Gott verbirgt sich nicht nur – er sucht auch. Eines Morgens saß ich in meinem Arbeitszimmer und wollte etwas über den Glauben schreiben. Mein ganzes Büro war übersät von Büchern und Nachschlagewerken, die auf Schreibtisch, Couch und Boden verstreut herumlagen. Nach etwa zwei Stunden spürte ich plötzlich die Gegenwart Gottes im Zimmer. Das war für mich eine sehr ungewöhnliche, aber zugleich auch reale Erfahrung. Es war, als würde Gott mit mir spielen. Ich ging zum Computer und schrieb diese Erfahrung, noch während ich sie erlebte, auf.»Ich sitze heute Morgen in meinem Arbeitszimmer und spiele mit Gott eine Art von Verstecken, und es ist genauso schön zu suchen, wie sich finden zu lassen. Es ist, als sähe ich meinen Vater lächeln und sich wieder verbergen. Plötzlich taucht er in meinen Gedanken auf, er lacht und entwischt meinem Griff, nur um wenig später mit seinen Worten auf den Seiten meiner Notizen zu erscheinen. Während ich meine Notizzettel, meine Bibel und meine Bücher einsammle, um diese Rede vorzubereiten, wird mein Herz plötzlich von Dankbarkeit erfüllt, es sind Tränen der Freude, weil Gott und ich zwei Stunden miteinander verbracht haben, nur er und ich im Spiel um die Wahrheit; und ich verlasse mein Arbeitszimmer mit dem merkwürdigen Wissen, dass nicht ich Gott gefunden habe – sondern er mich.«

Gott *spielt* in gewissem Sinne wirklich mit unserem Herzen. Er sucht uns, und dann verbirgt er sich, und sein Lachen bringt unserem Herzen Heilung. Wenn Gott mit uns spielt, beginnen wir – noch bevor wir wissen, was geschieht – selbst zu spielen: mit unseren Nachbarn, mit den Mitgliedern unserer Gemeinde, ja sogar mit unserer Familie.

Eine Sandburg bauen – schon mal probiert?

Vor sechs Jahren verbrachte unsere Familie ein Wochenende zusammen an der Küste Oregons. Am Samstagnachmittag entschlossen wir uns zu einem gemeinsamen Strandspaziergang. Als wir am Wasser entlangschlenderten, kam mein ältester Sohn, der damals fünfundzwanzig Jahre alt war, zu meiner Frau und mir gelaufen und sagte ganz aufgeregt:»Wie wär's, wenn wir eine Sandburg bauen würden?« Es musste zwanzig Jahre her gewesen sein, seit meine Frau und ich zum letzten Mal eine Sandburg gebaut hatten. Wir ließen uns von seiner Begeisterung anstecken. Einer unserer Söhne machte aus seinem T-Shirt eine Fahne, steckte sie am Rand des

Wassers in den Sand und sagte: »Wir müssen eine Sandburg bauen, die stark genug ist, die Fahne vor der hereinkommenden Flut zu schützen. Denn sollte sie umfallen, vergiftet sie den Sand und wir müssen alle sterben.«

Wir waren eifrig beim Bau einer dreiwandigen Sandburg, als ich zufällig aufblickte und einen Mann zusammen mit seinem fünfjährigen Sohn den Strand entlangkommen sah. Da kam mir ein Gedanke: »Wieso bauen wir diese Sandburg ohne einen kleinen Jungen?« Ohne weiter nachzudenken, sprang ich auf, lief zu dem kleinen Jungen, fiel vor ihm auf die Knie und bettelte: »Mein kleiner Junge, wir brauchen unbedingt deine Hilfe. Siehst du die Fahne dort? Wir müssen eine Sandburg bauen, die stark genug ist, die Fahne vor der Flut zu schützen, sonst fällt sie um, vergiftet den Sand und wir müssen alle sterben.« Sie hätten den Gesichtsausdruck des kleinen Jungen sehen sollen, als er seinen Vater ansah! Es war, als würde er sagen: »Dad, vor solchen Leuten hast du mich immer gewarnt. Verschwinden wir lieber von hier.« Weder er noch sein Vater gaben meiner Bitte nach, stattdessen gingen sie einfach weiter.

Nachdem ich zu unserer Sandburg zurückgekehrt war, sah ich aus dem Augenwinkel, wie der Vater seinen Sohn zum Wasser laufen ließ. Der Junge spielte mit den Wellen; er folgte dem Wasser, wenn es zurücklief, und rannte schnell auf den Strand herauf, sobald das Wasser wiederkam. Dabei verschätzte er sich leider und wurde von einer Welle überraschend zu Boden gerissen. Sein Vater schrie: »Andy, komm sofort aus dem Wasser.« Andy versuchte natürlich nichts anderes und ich lief zu ihm, um ihm zu helfen. Ich weiß nicht, was mich überkam, aber plötzlich sagte ich zu ihm: »Andy, jetzt bist du sowieso schon nass und schmutzig; da kannst du uns doch helfen.« Er sah seinen Vater an, dann mich, dann wieder seinen Vater. Schließlich sagte er: »Okay!« Wir arbeiteten alle wie wild, denn die Flut kam herein, und plötzlich schrie einer von uns: »Vorsicht!«

Instinktiv und ohne ein Wort zu sagen, drängten wir uns alle acht um die Fahne, und das Wasser kam und rollte über die erste Mauer hinweg, sprengte die zweite Mauer und lief auch noch über die dritte – aber die Fahne blieb stehen. Wir stießen alle einen Freudenschrei aus, auch Andy. Es war ein toller Moment und wir fühlten uns wieder wie Kinder.

Im Matthäusevangelium erhalten wir einen kurzen Einblick in die lebensverändernde Begegnung des Matthäus mit Jesus. »Jesus ging weiter und sah einen Zolleinnehmer in seinem Zollhaus sitzen. Er hieß Matthäus. Jesus sagte zu ihm: Geh mit mir! Und Matthäus stand auf und folgte ihm« (Matthäus 9,9). Wer weiß schon, was in Matthäus' Kopf vorging, als Jesus zu ihm trat? Stellen Sie sich vor, Jesus hätte sich zu ihm heruntergebeugt und ihm ins Ohr geflüstert: »Matthäus, willst du mit mir eine Sandburg bauen?« Ich glaube, Matthäus' Herz ist vor Freude fast zersprungen, als Jesus ihn rief, und er folgte Jesus schließlich nach, egal, wohin sein Herr ging – an den Strand und sogar zum Kreuz.

Stilles Zuhören
oder: Wie Gott im leisen Wehen redet

»Jemand hörte, wie ein vierjähriges Mädchen in das Ohr ihres neugeborenen Brüderchens flüsterte: ›Baby, wie hört sich Gott an? Langsam vergess' ich es.‹« (Robert Bensen)

Leider haben die meisten von uns, wenn sie erwachsen geworden sind, ihr »Gehör« für Gott verloren. Wenn wir erwachsen sind, meinen wir, dass es wichtiger ist, etwas über Gott zu *wissen*, anstatt ihm zuzuhören. Wenn wir erwachsen sind, haben wir Beruf und Kinder; der Lärm unseres Lebens hat sich so verstärkt, dass wir Gott unmöglich hören können, denn Gott schreit selten, er flüstert.

In 1. Könige 19 steht die Geschichte des Propheten Elia. Nach einer unglaublich erfolgreichen Auseinandersetzung mit den Baalspriestern fällt Elia plötzlich in eine tiefe Depression, läuft in die Wüste und versteckt sich dort. Als Gott ihn anspricht, schmollt Elia. Ist das nicht eine herrliche Nachricht, dass auch Propheten schmollen können? *Also kann ich's auch!* Daraufhin schickte Gott Elia zum Berg Horeb, wo er ihm begegnen wollte. Dort ließ Gott »einen gewaltigen Sturm aufkommen, der an der Bergwand rüttelte, dass die Felsbrocken flogen« (1. Könige 19,11). Dann schickte Gott ein Erdbeben und ein Feuer. Aber die Bibel sagt uns, je nach Übersetzung, dass Gott in »einem ganz leisen Hauch« (Gute Nachricht Bibel), in einem »stillen, sanften Säuseln« (Luther) oder »dem Ton eines leisen Wehens« (Elberfelder Bibel) sprach.

Ein Freund von mir, ein lutherischer Missionar in Afrika, übersetzt diese Stelle mit »in einer feinen Stille«. Eine *feine Stille*! Gott war nicht in dem Lärm des Erdbebens, des Windes und des Feuers; Gott war in der *feinen Stille*. Könnte es nicht sein, dass unser größtes Problem in der Kirche der Lärm ist? Unser moderner Glaube ist vielleicht mehr von Aktivität und Lärm unterminiert als von Unmoral und mangelndem Engagement. Vielleicht sind wir so aktiv und laut geworden, dass die feine Stille Gottes darin untergegangen ist.

Was wäre, wenn wir uns wieder dazu entschließen würden, Kinder zu werden und auf die Stimme Gottes zu hören? Anstatt noch aktiver zu werden, sollten wir lieber weniger tun und auf die Gegenwart Gottes lauschen.

Die feine Stille Gottes hören

In einem Buch erzählt John Claypool von seiner Tochter Laura, die im Alter von vier Jahren an Leukämie starb.[11] Einmal wollte John sie ins Bett bringen, aber wie die meisten Vierjährigen erfand sie eine Menge Ausreden, um nicht Schlafen gehen zu müssen. Dreimal musste sie auf die Toilette, dann bekam sie großen Durst, wollte noch eine Geschichte hören, Papa musste ihr das Licht anmachen, sie hörte plötzlich ein Geräusch usw.

Schließlich gelang es John, alle ihre Bedürfnisse zu stillen, und er ging nach oben, um zu schreiben. Er steckte bereits tief in der Arbeit, als er (wenn Sie Kinder haben, kennen Sie das) plötzlich merkte, dass Laura in der Tür seines Arbeitszimmers stand und zu ihm herüberschaute. Er hatte sie zwar weder gesehen noch gehört, aber er fühlte es.

Frustriert drehte er sich um und fragte etwas ärgerlich: »Was soll ich denn noch tun, Laura?«

Laura sprang zu ihrem Vater, nahm seinen Arm und antwortete: »Nichts, Papa, ich wollte nur bei dir sein.«

Laura sprach damit vielleicht die Worte, die Gott uns sagen will: »Ich will gar nichts von dir. Ich will nur bei dir sein.« Ich frage mich, wie oft am Tag unser Vater versucht, unsere Aufmerksamkeit zu erhalten und uns so ruhig werden zu lassen, dass wir sein Flüstern hören können.

Unsere Gemeinde veranstaltete kürzlich einen Einkehrtag für Erwachsene. Einige unserer jungen Leute wollten auch daran teilnehmen. Wir verbrachten den Tag damit, verschiedene Abschnitte in der Bibel zu lesen, über Bibelverse zu meditieren und dann ein paar Gedanken in Form eines Tagebuch-Eintrags niederzuschreiben. Jeder wurde gebeten, sich zu überlegen, was Jesus ihm in einem Brief sagen würde.

Als wir alle wieder zusammenkamen, um unsere Tagebuch-

Einträge vorzulesen, wagte von den Erwachsenen niemand, seine Gedanken vorzulesen. Eine Reihe von ihnen war zu besorgt, die Bibel nicht richtig interpretiert zu haben und sich durch mangelndes Verständnis bloßzustellen. Es war Janie Warner, eine siebzehnjährige Schülerin, die sich als erste freiwillig meldete. »Zunächst einmal«, begann sie zögernd, »hab' ich wohl alles verkehrt gemacht. Sie wollten, dass wir einen Brief von Jesus an uns schreiben, stattdessen hab ich einen Dialog zwischen Jesus und mir geschrieben.« (Es ist doch interessant, dass ihre erste Sorge war, alles verkehrt gemacht zu haben; das ist genau der Grund, warum Kinder ihre Fähigkeit verlieren, Gott zu hören.) Wir versicherten ihr, dass alles gut sei, egal, was sie auch geschrieben habe.

Ihr Dialog lautete:

Ich fühle mich nicht wohl in meiner Haut
weil ich schon so lange nicht mehr zu dir gekommen bin.
    Ich habe dich auch vermisst,
    ich denke jeden Tag an dich.
Aber ich hab' alles verkehrt gemacht;
ich hab' so viele Dinge getan, die ich jetzt bereue.
    Schon gut, mein Kind.
    Ich vergebe dir.
Ich verstehe vieles einfach nicht,
ich wende mich ab
und ignoriere dich . . .
    Ich bin immer da,
    ganz nah bei dir.
Ich hab' versucht, ohne dich zu leben,
obwohl ich im tiefsten weiß,
dass du immer noch in mir bist.
    Du musst dich nicht liebenswert machen;
    ich liebe dich so, wie du bist.
Selbst nach allem, was ich getan habe,
und nach allem, was geschehen ist,
würde es dich verletzen, wenn ich zu dir sage:
Du bist seltsam?
    Ich bin seltsam,
    noch viel seltsamer, als du meinst.

Vielleicht klingt es merkwürdig,
aber darf ich dich darum bitten,
mich ein bisschen in den Arm zu nehmen?
        Mein Kind, ich habe nur darauf gewartet,
        dich in meine Arme zu schließen.

Als Janie schwieg, hatten alle Tränen in den Augen . . . und niemand wollte mehr seinen Tagebuch-Eintrag vorlesen. Janie konnte noch die »feine Stille« Gottes hören.

Der christliche Glaube ist eigentlich gar nicht so kompliziert. Alles, was wir tun müssen, ist auf die leise Stimme Gottes zu hören.

Wir können unsere Fähigkeit, Gott zu hören, wieder finden und die feine Stille Gottes neu erleben. Wenn wir Gott bisher nicht als den verstanden haben, der zu uns in der feinen Stille spricht, müssen wir vielleicht lernen, ihn ganz neu zu sehen. Vielleicht ist es notwendig, unser »erwachsenes« Verständnis von Gott aufzugeben und uns daran zu erinnern, wie wir ihn als Kind erlebt haben.

Wir selbst sein

In seinem Buch *»Alles, was ich wirklich wissen musste, lernte ich im Kindergarten« (All I Really Need To Know I Learned in Kindergarten)* erzählt Robert Fulghum, wie er eines Tages auf achtzig Kinder im Alter von fünf Jahren aufpassen musste. Es war seine Aufgabe, diese Kinder eine Stunde lang zu beschäftigen, ein schier unmögliches Unterfangen. In seiner Verzweiflung erinnerte er sich an das Spiel »Riesen – Zauberer – Zwerge«, in dem jedes Kind auf Kommando ein anderes Kind suchen und sich sofort in eins der Märchenwesen verwandeln musste. Traf nun ein Riese auf einen Zauberer, gewann der Riese, traf ein Zauberer auf einen Zwerg, war der Zauberer überlegen und bei einem Aufeinandertreffen von Riese und Zwerg hatte der Riese das Nachsehen. Fulghum ließ die Kinder einige Minuten herumrennen, damit sie etwas müde wurden, und rief dann: »Riese, Zauberer, Zwerg!« Ein großes Durcheinander folgte, in dem die Kinder versuchten, sich einen Partner zu suchen und nach kurzer Darstellung ihrer Märchenfigur zu entscheiden, wer gewonnen hatte.

Während das laute Schreien und Rennen noch in vollem Gange war, fühlte Fulghum plötzlich, wie ihn jemand an der Hose zog. Er sah hinunter und erblickte ein fünfjähriges Mädchen, das ihn mit großen blauen Augen anguckte. »Ja?«, fragte er.

Das Mädchen erwiderte ernsthaft: »Und was ist mit den Meerjungfrauen?« Obwohl Fulghum ziemlich deutlich erklärt hatte, dass es in diesem Spiel nur drei Figuren gab, in die man sich verwandeln konnte, ließ sich dieses kleine Mädchen nicht davon beirren. Ganz unmissverständlich brachte es zum Ausdruck: »Mr Fulghum, du glaubst vielleicht, dass es nur Riesen, Zauberer und Zwerge gibt. Aber das stimmt nicht! *Ich* bin eine Meerjungfrau. Und sonst nichts.«

Ich bewundere dieses kleine Mädchen. Sie weigerte sich anzuerkennen, dass die ihr angebotenen Möglichkeiten die einzigen sein sollten. Sie hatte ihren Ruf vernommen und sie wusste, wer sie war.

Eugene Peterson sagte einmal, dass die meisten Menschen ihr Leben damit verbringen, »sich selbst zu *spielen*«[12], anstatt sie selbst zu *sein*. Kinder dagegen sind so, wie sie sind. Aber leider dauert es nicht lange, und wir haben sie davon überzeugt, dass sie das sind, was sie tragen, tun, haben oder wie sie aussehen. Doch wenn unsere Kinder Glück haben, überzeugen wir sie stattdessen davon, dass sie sie selbst sein dürfen und nicht einer Karikatur oder einer Illusion nachlaufen müssen. Können oder wollen wir aber nicht mehr erkennen, wie wir gemacht sind, hören wir auch Gott nicht mehr, oder wir fühlen uns unglücklich, weil wir uns von dem entfernen, wie wir nach Gottes Willen sein und handeln sollen. Jeremia schreibt, dass Gott schon im Mutterleib zu uns spricht: »Schon ehe ich dich ins Leben rief, hatte ich einen Plan mit dir. Als du noch nicht geboren warst, hatte ich bereits die Hand auf dich gelegt« (Jeremia 1,5). Jeremia musste das erleben. Es machte keine Freude mehr, ein Prophet zu sein. Er war böse auf Gott, weil ihn dieser dazu berufen hatte. Er wollte keine prophetischen Äußerungen mehr machen, er wollte schweigen und seine Berufung verleugnen, aber das ging nicht.

Das ganze Leben kämpfte Jeremia mit der Tatsache, dass Gott seine Berufung nicht zurücknimmt. Drehen wir dieser leisen Stimme den Rücken zu, ist das der Anfang unserer Taubheit oder Entfernung von Gott. Wollen wir tun, was Gott von uns will, müssen wir darauf achten, wozu er uns gemacht hat. In dem Film »Die Stunde des Siegers« wurde Eric Liddell, der bei den Olympischen Spielen als Läufer antreten wollte, von seiner Schwester aufgefordert, die Olympischen Spiele aufzugeben und gleich in die Mission zu gehen. Er antwortete: »Aber mein Liebes, ich kann laufen. Und wenn ich laufe, spüre ich, wie Gott sich darüber freut.« Er wollte seine Gaben und seine Berufung nicht verleugnen.

Gott läuft uns nach

In ihrem Kinder-Klassiker »The Runaway Bunny« beschreibt Margaret Wise-Brown, wie der kleine Hase seiner Mutter ankündigt, er werde ihr davonlaufen. Die Mutter antwortet: »Wenn du wegläufst, laufe ich dir hinterher. Denn du bist mein kleiner Hase.« Der kleine Hase läuft überallhin, doch die Mutter läuft immer hinterher, und schließlich, am Ende des Buches, erkennt der kleine Hase: »Da kann ich genauso gut auch dableiben und dein kleiner Hase sein.« Das Häschen vergeudete viel Zeit damit, der Liebe seiner Mutter davonzulaufen.

Für viele Christen ist Gott nicht länger ein Gott, der bei uns und ständig hinter uns her ist, sondern ein ferner Gott, der sich höchstens mal am Sonntag in der Kirche zeigt. Statt einen Gott zu erleben, der uns nachgeht und unsere Aufmerksamkeit haben will, beginnen wir Gott hinterherzulaufen und versuchen, seine Aufmerksamkeit zu erhalten.

Psalm 139 ist recht eindeutig. Wir müssen nicht erst Gottes Aufmerksamkeit auf uns lenken, wir haben sie bereits. David betet: »Wohin kann ich gehen, um dir zu entrinnen, wohin fliehen, damit du mich nicht siehst?« Gott ist bei uns. Aber Gott ist nicht nur bei uns, er *kennt* uns auch. Er geht nicht nur neben uns her, er ist auch in uns. Um Gott zu begegnen, müssen wir nicht erst in einen Kirchenraum gehen. Um Gott zu finden, müssen wir nicht erst unser Leben von jeglicher Sünde befreien. *Denn Gott hat uns gefunden!* Egal, in welcher Situation wir stecken, egal, in welchem Zustand wir uns befinden. Vielleicht haben wir die Richtung verloren und unsere geistliche Sicht ist völlig verschwommen – doch Gott ist bei uns, er lockt uns zu sich zurück. Vielleicht drehen wir Gott den Rücken zu; er sieht uns immer ins Gesicht.

Genießen

Die Wahrheit ist so offensichtlich, aber wir übersehen sie nicht nur – wir ignorieren sie. Wollen wir Gottes Stimme vernehmen, müssen wir zuhören, und doch mangelt es gerade uns Erwachsenen an der Bereitschaft zuzuhören. Wir hören einfach nicht zu. Wir wollen es nicht. Wir sind bereit, alles Mögliche zu tun, nur um nicht zuhören zu müssen. Lieber lernen wir etwas Neues; wir übernehmen neue Aufgaben; wir beschäftigen uns mit neuen Büchern und fremder Musik oder fahren an unbekannte Orte. Alles, nur nicht zuhören, bitte!

Ich möchte eine neue Möglichkeit vorstellen, wie wir Gottes leise Stimme hören können – durch Genießen. Genießen ist die verloren gegangene Kunst, etwas zu schätzen, sich an etwas zu freuen und es bewusst zu erleben. Wenn wir etwas in unserem Leben genießen, dann nehmen wir es mit allen Sinnen in uns auf, wir vertiefen uns darin.

Als Noah, mein erstes Enkelkind, geboren wurde, hatte ich das Glück, ins Krankenhaus zu kommen, noch bevor er vierundzwanzig Stunden alt war. Hinterher zu Hause waren Mama und Papa von der Geburt noch ziemlich erledigt, deshalb passte ich freiwillig auf das Baby auf, und sie konnten sich ausruhen.

Lange Zeit saß ich allein mit meinem Enkel in einem Schaukelstuhl und schaukelte ihn in den Schlaf. Während er in meinen Armen schlummerte, konnte ich meinen Blick nicht von ihm wenden. Ich war fasziniert von seiner Zartheit, der vollkommenen Form seiner winzigen Finger, der Ärmchen, der kleinen Nase und der Öhrchen. Er hatte einen ganz bestimmten Geruch, es war der Duft des neuen Lebens, der Duft des mütterlichen Schoßes. Meine Sinne waren wie elektrisiert. Alles an ihm nahm ich wahr, nichts entging meiner Aufmerksamkeit.

Diese Erfahrung war überwältigend. Ach, welche Freude, Großvater zu werden! Seit diesem Tag weiß ich, das Genießen ein wichtiger Teil des Lebens ist, den ich bisher verpasst hatte. Doch Genießen braucht Zeit. Es braucht unsere ganze Aufmerksamkeit. Es fordert alles von uns.

Wenn wir Gott wirklich hören und seine Stimme tatsächlich wahrnehmen wollen, dann müssen wir uns die Zeit nehmen, ihn zu genießen; wir müssen uns unserem Vater und der überwältigenden Gegenwart seiner Stimme hingeben. Das ist Gebet. Gebet heißt: Gott genießen. Und das bedeutet: ganz in seine Gegenwart eintauchen und ihn mit all unseren Sinnen aufnehmen.

Warten

Eine Eigenart der Kinder, die wir auch dann noch beibehalten, wenn wir älter werden, ist die Unfähigkeit zu warten. Diese kindliche Eigenschaft verfolgt uns unser ganzes Leben und die westliche Kultur fördert sie auch noch. Uns wird gesagt, dass die meisten Probleme unseres Lebens gelöst werden können – und zwar schnell. Wir sind nicht nur eine »Fast Food«-Gesellschaft, wir sind auch eine »Instant«-Gesellschaft, in der alles sofort geschehen muss; und wenn wir Probleme haben, Gott zu hören, werden uns jede Menge Sofort-Lösungen und Allheilmittel angeboten.

Die Gaben des Evangeliums werden unserer »Instant«-Gesellschaft so angepasst, dass wir tatsächlich von Gott erwarten, unser Leben mit einem Schlag zu ändern. In vielen christlichen Kreisen wird uns gesagt, dass Gott uns unsere Wünsche und Bedürfnisse sofort erfüllt. Müssen wir aber auf die Segnungen Gottes warten, dann, so sagen diese Leute, machen wir irgendetwas verkehrt, weil Gott uns nie auf etwas warten lassen würde. Fügt man diesem »Instant«-Evangelium noch die Idee hinzu, dass Warten verlorene Zeit bedeutet, erhält man den Hintergrund für Kirchen und Gemeinden voll von ungeduldigen, fordernden Christen, die von Gott erwarten, jedes ihrer Bedürfnisse sofort erfüllt zu bekommen.

Das Dumme ist nur, dass es bei Gott so nicht läuft. »Gott ist treu, aber er ist auch manchmal langsam«, sagt mein Freund Devlin Donaldson. Wir wollen aber keinen »langsamen« Gott, weil wir nicht warten wollen. Die Autorin Sue Monk Kidd, die von sich selbst sagt, sie sei eine »Quickaholic« (ein Mensch, der alles sofort haben muss), beschreibt einmal, wie ein Mönch auf ihre Unwilligkeit zu warten reagierte:

»Wenn du wartest, tust du nicht nichts. Du tust etwas; du erlaubst deiner Seele, erwachsen zu werden. Wenn du nicht zur Ruhe kommen und warten kannst, wirst du nie so werden, wie Gott dich gemeint hat.«[13]

Wir hören das Flüstern Gottes, wenn wir bereit werden, zu warten und unseren Wunsch nach schnellen Lösungen aufgeben. »Gott ist unsere Hebamme«, sagt Sue Monk Kidd.[14]

C.S. Lewis beschreibt in seinem Buch *»Der Ritt nach Narnia«*, wie sich der Junge Shasta verirrt. In stockdunkler Nacht reitet er auf Bree, seinem Pferd, einen schmalen, steilen Bergpfad hinauf. Er ist völlig erschöpft und voller Angst und Selbstmitleid über seine missliche Lage. Doch plötzlich hat er eine seltsame Empfindung.

Etwas oder jemand scheint neben ihm herzugehen. Wegen der großen Dunkelheit kann er nichts sehen. Und dieses Etwas (oder die Person) geht so leise, dass Shasta kaum Schritte hört. Was er aber hört, ist ein Atmen. Der unsichtbare Weggefährte macht lange und tiefe Atemzüge, so dass Shasta den Eindruck gewinnt, es müsse sich um ein ziemlich großes Wesen handeln. Shasta hat auch keine Vorstellung, wie lange es schon neben ihm hergeht, weil er das Atemgeräusch erst ganz allmählich bemerkt hat. Es ist der reine Horror.

Schließlich hört Shasta, wie dieser warme Atem zu sprechen beginnt, und es entwickelt sich ein intensives Gespräch zwischen ihm und dem Atem. Am Ende des Gesprächs hat Shasta – fast – keine Angst mehr.

Er fürchtet sich nun nicht mehr davor, dass die Stimme zu einem Monster oder einem Geist gehören könnte, das ihn vielleicht auffrisst. Doch es überfällt ihn ein neues, unbekanntes Zittern. Trotzdem fühlt er sich glücklich.[15]

Auch Elia war nach seinem Triumph über die Baalspriester niedergeschlagen und einsam. Er hatte Gott nicht im Triumph gefunden; auch fand er ihn weder im mächtigen Sturm noch im Erdbeben. Gott war in der feinen Stille, die uns allen zuflüstert: »Mein Kind, ich warte nur darauf, dich in meine Arme zu schließen.«

Unverantwortliche Leidenschaft
oder: Wie Gott zum Risiko herausfordert

»Ich entdecke immer mehr, dass eine geistliche Reise viel Ähnlichkeit mit einem Gedicht hat. Ein Gedicht wird nicht nur zitiert oder mit dem Intellekt analysiert. Ein Gedicht kann man tanzen, singen, weinen, es geht unter die Haut und fährt in die Knochen. Man trägt es mit sich herum und spürt seine Umarmung. Es ist als würde man von einer Träne berührt oder von einem Lächeln eingehüllt. Ein Gedicht lebt nicht nur im Geist und im Kopf, sondern auch im Körper und im Herzen.« (Sue Monk Kidd)

»Du hast gerufen, geschrien und meine Taubheit übertönt. Du hast geleuchtet, gelodert und meine Blindheit überstrahlt. Du hast deinen Duft verbreitet, ich habe einen tiefen Atemzug genommen, und jetzt lechze ich nach dir. Ich habe dich geschmeckt, und jetzt habe ich Hunger und Durst. Du hast mich berührt, und jetzt brennt in mir das Verlangen nach deinem Frieden.« (Augustinus)

»Gerade wenn ich in meiner Kirche alles säuberlich voneinander getrennt habe – die Schafe von den Böcken, die Geretteten von den Verdammten, die Hoffnungslosen von den Hoffnungsträgern – macht jemand eine unerwartete Bewegung, rutscht vom Platz und bricht aus; dann verstehe ich plötzlich, warum Jesus keine systematische Theologie gelehrt hat. Also können wir nur dankbar sein, dass sich der Ort des christlichen Denkens von Nordamerika und Nordeuropa, wo man Regeln aufstellt und sich daran hält, nach Afrika und Südamerika zu verschieben scheint, wo man immer noch zu tanzen versteht.« (Will Willimon)

»Wer Gottes Einladung versteht, der handelt wie ein Kaufmann, der eine schöne Perle sucht. Wenn er eine entdeckt, die besonders wertvoll ist, verkauft er alles, was er hat, und kauft sie.« (Matthäus 13,45-46)

Was heißt es, ein leidenschaftliches Leben zu führen?

Solange ich zurückdenken kann, wurde mir gesagt, das Leben als Christ sei wie eine Bergtour. Den größten Teil unseres Lebens verbringen wir im Tal und nur zu den seltenen Zeiten einer christlichen

Freizeit oder Konferenz erleben wir die Gegenwart Gottes in unserem Leben in besonderer Weise. Am Ende einer solchen Freizeit oder Konferenz stand jedes Mal die Ermahnung: »An diesem Wochenende waren wir auf dem Berggipfel, und jetzt geht's wieder zurück ins Tal.« Ziel war es zu lernen, die Gegenwart Gottes im Tal wie auf dem Berggipfel zu erleben, aber das schien nie zu funktionieren.

Also wuchs ich in dem Glauben auf, das Leben eines Christen sei ein einziges Auf und Ab, ein Wechsel von Tälern und Berggipfeln, dessen Heftigkeit mit zunehmenden Alter jedoch geringer werden und näher zu Gott rücken würde. Schließlich könnte ich – würde ich lange genug leben – den Berggipfel erreichen.

Die Berggipfel-Tal-Einstellung zum Leben ist aber hoffnungslos falsch und unzulänglich. Heute glaube ich, dass das Bild einer Achterbahn viel eher auf das christliche Leben zutrifft. Sagt man Ja zu Jesus, hat man das Gefühl, plötzlich in so einem Wagen zu sitzen, und denkt: »Das überlebe ich nie!« Dann beginnt ein langsamer Aufstieg, das geistliche Wachstum – Bibelstunden, Taufe, Mitgliedschaft in einer Gemeinde – und man denkt: »Ist ja toll. Ich kann Jesus überall hin folgen!« Doch dann, *rums,* saust man hinein in die Drehungen und Windungen des Lebens, man wird hin- und hergeworfen, es geht hinauf und hinunter, fünfzig, sechzig Jahre vergehen und – *bumm!* – schon ist man tot.

Das Modell der Achterbahn dient mir jetzt schon viele Jahre als Bild für das christliche Leben und ich sage oft: »Sollte ich jetzt in diesem Moment einen Herzinfarkt erleiden, hoffe ich, noch genug Luft und Kraft zu haben, um im Fallen noch einen letzten Satz sagen zu können: *Es war eine tolle Fahrt!*« In meinem Leben gab es viel Auf und Ab, viel Hin und Her, viele Fehler und falsche Entscheidungen, würde ich aber in diesem Moment sterben (was ich allerdings nicht will!), könnte ich aus tiefster Seele sagen: »Es war eine tolle Fahrt!«

Leidenschaft ist wie eine Achterbahn-Fahrt, die wir erleben können, wenn wir Jesus nachfolgen. Es ist eine lebenslang spannende Reise, die uns durchschüttelt und den Atem raubt, bei der jeder Moment zählt und man sich nur noch festhalten kann. Wenn Sie sich für Christus entscheiden, entscheiden Sie sich für Leidenschaft. Jesus kam, um uns unsere Sünden zu vergeben, ja, aber er kam auch, um ein Leben in Leidenschaft zu bringen. Die meisten Menschen glauben, in der Nachfolge Jesu gehe es darum, *richtig* zu leben. In der Nachfolge Jesu geht es darum, in der Fülle zu leben. Hören Sie genau hin, wie Paulus der Gemeinde in Rom ein christliches Leben beschreibt:

»Wenn Christus in euch lebt, dann ist zwar euer Leib wegen eurer Sünde noch dem Tod ausgeliefert. Doch Gottes Geist schenkt euch ein neues Leben, weil Gott euch als seine Kinder angenommen hat. Ist der Geist Gottes in euch, so wird Gott, der Jesus Christus von den Toten auferweckt hat, auch euren sterblichen Leib durch seinen Geist wieder lebendig machen; er wohnt ja in euch . . . Denn der Geist Gottes führt euch nicht in eine neue Sklaverei; nein, er macht euch zu Gottes Kindern. Deshalb dürft ihr furchtlos und ohne Angst zu Gott kommen und ihn wie Kinder fragen: ›Papa, was kommt jetzt?‹« (Römer 8,10-11+15)

Was ist Leidenschaft? Lebendigkeit. Ein Leben voll Erwartung, Freude und Begeisterung.

Was ist das Gegenteil von Leidenschaft? Leben und doch tot sein. Ein Leben führen, das langweilig ist!

Nur ein weiterer Telegrafenmast

Ein Freund erzählte mir einmal von einem Geistlichen, der seit fünfunddreißig Jahren in derselben Gemeinde tätig war. In sechs Monaten wollte er in den Ruhestand treten und mein Freund fragte ihn, wie er sich fühle. Würde er die Kanzel vermissen? Das Predigen? Der Pastor überraschte meinen Freund mit dieser Aussage: »In sechs Monaten, in dreiundzwanzig Sonntagen, um genau zu sein, gehe ich in Rente. Sind Sie schon einmal in Arizona oder Nevada mitten durch die Wüste gefahren? Das Auto rast auf einer Straße dahin, die sich scheinbar endlos vor Ihnen dehnt, und je nachdem, wie schnell man fährt, witscht alle paar Sekunden ein Telegrafenmast vorbei. An jedem Sonntag nach meiner Predigt denke ich: Wieder ein Telegrafenmast.«

Mein Freund und ich schauten einander schockiert an. »Wieder ein Telegrafenmast?« Fünfunddreißig Jahre im geistlichen Dienst und alles, was man über die Sonntage sagen kann, ist, der Pensionierung einen Telegrafenmast näher zu sein? Der Mann hätte schon vor langer Zeit in den Ruhestand gehen sollen. Er war gelangweilt, seine Leidenschaft war erloschen.

An einem Sonntagmorgen sprach ich nach der Kirche mit einer älteren Frau, die unseren Gottesdienst zum erstem Mal besucht hatte. Während dieses ersten Kennenlernens fragte ich sie nach ihrem Mann.

»Ach«, erwiderte sie. »Er ist vor einem Jahr gestorben.«

»Das tut mir leid«, sagte ich etwas betreten. »Wie lange waren Sie denn verheiratet?«

»Fünfzig Jahre«, kam die monotone Antwort.

»Fünfzig Jahre? Da müssen Sie ihn schrecklich vermissen.«

»Ich wünschte, es wäre so«, flüsterte sie. »Aber ich habe mich mit der Tatsache abgefunden, dass ich ihn in fünfzig Jahre Ehe nie wirklich kennen gelernt habe.«

Man stelle sich vor: Fünzig Jahre mit einem Menschen zusammen leben, zusammen schlafen, zusammen Kinder haben, zusammen Enkelkinder bekommen – und alles, was man am Schluss sagen kann, ist: »Ich habe ihn nie wirklich gekannt.« Fünfzig Jahre in einer Ehe, in der es keine Leidenschaft gegeben hatte und in der zwei Menschen sich fremd geblieben waren.

Mangelnde Leidenschaft führt dazu, dass unser Leben farblos wird, ohne Höhen und Tiefen. Ohne Leidenschaft leben wir in einem trüben Nebel der Gleichförmigkeit. Das Leben verliert seine Konturen, wir nehmen die feinen Abstufungen und Nuancen nicht mehr wahr. Dann spürt man seine Gefühle nicht mehr; sie werden dumpf und taub. Ein Leben ohne Leidenschaft ist ein Leben ohne Struktur, Kontrast und Tiefe. Man geht durch das Leben wie in Trance, absolviert die Tage irgendwie, ohne Gefühl; jeder Tag wird irgendwie gelebt, irgendwie *über*lebt, und das Leben verliert sich ohne Richtung in Aktivitäten, die sich als völlig unwichtig herausstellen.

Sehnsucht nach Leidenschaft

Von einem Freund wurde ich eingeladen, vor der *Toastmaster Northern California Convention,* einer Vereinigung von Geschäftsleuten, die Schulungen für Rhetorik anbieten, ein Referat zu halten. In jungen Jahren war ich in dieser Vereinigung sehr engagiert gewesen, daher nahm ich die Einladung sehr gern an. Sechs Monate später hatte ich meine Zusage völlig vergessen, als mich mein Freund anrief, um mich daran zu erinnern. Zum Veranstaltungsort war es eine Fahrt von zwei Autostunden und der Anruf meines Freundes kam etwa zwei Stunden vor Veranstaltungsbeginn. Ich sprang sofort ins Auto und verlor keine Zeit auf der Fahrt, war aufgrund meiner jahrelangen Vortragserfahrungen jedoch trotzdem ganz entspannt. Ich wollte einfach über meine in vielen Jahren gesammelten Kenntnisse sprechen. Zehn Minuten vor Beginn meines Vortrags kam ich an. Mein Freund Tom atmete erleichtert auf und begann mich gleich einzuweisen:

»Vergiss nicht, Mike, du bist der Hauptredner.«

»Kein Problem«, erwiderte ich. »Aber sag mir noch mal schnell, woher diese Leute kommen.«

»Also«, kam Toms eilige Antwort, »es sind die Postmaster (Angestellte der Post) aus allen Städten in Nordkalifornien!«

Ich unterbrach ihn. »Was hast du gesagt?«

Er wiederholte: »Die *Postmaster* aus . . .«

»*Postmaster!* Du hast doch *Toastmaster* gesagt!«

»Nein«, erwiderte Tom. »Wie kommst du denn darauf? Ich arbeite doch selbst bei der Post.«

In zwei Minuten würde ich also vor einem Publikum sprechen, in dem nur Postangestellte saßen. Auf meinem Weg zum Rednerpult entschloss ich mich in meiner Verzweiflung, über das Thema zu sprechen, über das ich meistens referierte: mangelnde Leidenschaft.

Es war eine der überwältigendsten Erfahrungen, die ich je gemacht habe. Als ich meinen Vortrag zur Hälfte gehalten hatte, weinten viele Menschen im Publikum. Als ich ganz fertig war, stand als Antwort auf meinen Aufruf, die Leidenschaft neu zu entdecken, die gesamte Zuhörerschaft auf. Eigentlich hatten sie einen Vortrag über neue Bestimmungen für Briefmarken erwartet, und ich war auf Fragen nach guten rhetorischen Mitteln vorbereitet gewesen, doch plötzlich hatte eine Gruppe von Postangestellten erkannt, dass in ihnen eine Sehnsucht nach Leidenschaft schlummerte.

Leidenschaft zurückgewinnen

Wie können wir unsere Leidenschaft zurückgewinnen?

Für mich gibt es drei Wege, die uns dahin zurückführen: *erkennen, empfangen, etwas wagen.*

1. Die Leidenschaft Jesu erkennen

Eine der bekanntesten Geschichten der Bibel ist die Geschichte vom Verlorenen Sohn, und es gibt einen guten Grund, warum sie so bekannt ist: Jedes Mal, wenn wir sie hören, fühlen wir uns berührt! Irgendwo tief in uns drin ist eine Regung, eine Sehnsucht, etwas, das wir kennen; es ist ein Gefühl der Verlorenheit und ein Verlangen, von dem wir nicht dachten, dass es da sei.

In dieser Geschichte sind also die zwei Söhne, und der jüngere verlangt sein Erbe – eine unglaubliche Beleidigung gegen den Vater und eine vorschnelle Entscheidung mit fatalen Folgen für den Sohn. Doch der Vater gibt nach. (Das ist doch wirklich interessant, oder? Der Vater erlaubt seinem Sohn, eine verkehrte Entscheidung zu treffen. Er weiß genau, was der Sohn mit dem Geld tun wird, aber er lässt es zu, dass der Sohn damit fortgeht. Gute Väter wissen, dass sie ihre Kinder gehen lassen müssen. Aber das würde ein anderes Buch füllen.) Der Sohn geht weg, verschwendet alles Geld, ist bald völlig bankrott, heimatlos und lebt in einem Schweinestall. Am Ende entschließt er sich, die demütigende Rückkehr nach Hause anzutreten und den Vater um eine Stelle als Hilfsarbeiter zu bitten. Das ist der Punkt, wo wir diese Geschichte lieben.

Der Vater hat den Verlust des Sohnes nie verwunden. Er ist tief verletzt und starrt oft und oft am Tag hinaus auf das unfruchtbare, öde Land, in Trauer um den verlorenen Sohn. Es ist ein Schmerz, der dem Leben jede Farbe raubt. Es ist ein Schmerz, der Augen und Ohren schärft. Jeden Tag hält der Vater Ausschau nach dem Sohn und jede Nacht lauscht er nach seinem Schritt. Dann sieht er am Horizont einen winzigen Punkt auftauchen. Er weiß sofort, was dieser Punkt bedeutet; selbst auf die große Entfernung hin kennt er den Gang und die Haltung, die eingefallenen Schultern und den gesenkten Kopf. Der Sohn sieht nicht nach dem Vater. Er erwartet ihn nicht dort draußen. Doch der Vater sieht den Sohn an und mit jedem Schritt, den dieser näher kommt, wächst die Liebe des Vaters, bis er es nicht mehr aushält und dem Sohn entgegenläuft; er gönnt sich keine Pause, bis er den Sohn erreicht und seine starken dunklen Arme die schwache, schattenhafte Gestalt umschließen, die einmal ein wilder, tollkühner Junge gewesen war. Der Vater hat gar nicht gemerkt, wie schnell er gelaufen ist, und reißt den Jungen mit sich um; miteinander rollen sie am Boden, lachen und weinen und halten sich so fest, wie sie noch nie jemanden gehalten haben. »Schlachtet das Kalb! Holt das Festtagskleid und den Ring. Heute Abend feiern wir ein Fest! Mein Sohn ist zurück. Mein Sohn ist zurück.«

Ich liebe diese Geschichte. Ich liebe die Leidenschaft des Vaters gegenüber dem Sohn . . . aber . . . aber . . . in mir werden dieselben Stimmen laut wie im älteren Bruder. »Du kannst ihm doch nicht einfach vergeben! Er sollte die Konsequenzen für sein Verhalten zu spüren bekommen. Das kannst du ihm nicht durchgehen lassen. Er wird's wieder so machen! Das ist nicht fair, besonders dem älteren Bruder gegenüber!« Doch der Vater ignoriert all diese Stimmen; was er tut, ist völlig unverantwortlich – er macht ein Riesenfest.

Mein ganzes Glaubensleben hindurch wurde mir gesagt, dass Gott mich liebt, aber diese gute Nachricht hatte auch immer eine schlechte Seite. Ja, Gott liebt dich, aber seine Liebe hat Bedingungen:

– Du musst ihn auch lieben;
– du musst so leben, dass du seiner Liebe wert bist;
– du musst als Antwort auf seine Liebe vernünftig und verantwortungsbewusst leben.

Die Botschaft hatte zwei Seiten. Gott liebt mich bedingungslos . . . und doch musste ich als sein Kind Normen erfüllen, die andere zu Gottes Voraussetzungen für Liebe machten.

Ich hatte keine Ahnung, wie Gottes Liebe wirklich war – verschwenderisch, scheinbar unverantwortlich – und unwiderstehlich. Ich hatte keine Ahnung, dass der Gott des Universums mich ohne Bedingungen, ohne Vertragszusätze und ohne Kleingedrucktes liebte. Ich hatte ja keine Ahnung, dass Gott mich leidenschaftlich liebte! Seine Leidenschaft und seine Liebe zu mir weckt in mir den Wunsch, so zu lieben wie er.

Es ist viel schwerer, leidenschaftlich zu sein als gesetzlich. Das Verhalten des Vaters erscheint unverantwortlich, aber es ist unwiderstehlich, umwerfend und unglaublich anziehend; durch diese Liebe kommt der junge Mann wieder zur Besinnung. Es ist ein Akt der reinen Leidenschaft.

Stellen wir uns einen ganz durchschnittlichen Mann vor, einen jungen Vater, bei dem jeder Tag routinemäßig gleich abläuft. Etwa um halb sechs Uhr fährt er nach Hause, stellt sein Auto in die Garage, geht mit der Aktentasche in der Hand zum Haus, holt die Zeitung, geht zur Haustür, betritt das Haus, stellt die Aktentasche in die Diele, legt die Zeitung auf die Couch im Wohnzimmer, geht dann durch den langen Flur in die Küche.

Dort öffnet er einen Schrank, nimmt ein Glas heraus und stellt es auf den Tisch. Er öffnet den Kühlschrank, nimmt eine Milchflasche heraus, gießt die Milch ins Glas und stellt die Flasche in den Kühlschrank zurück. Ohne Nachzudenken nimmt er das Glas mit der Milch, holt sich einen Keks aus der Keksdose und geht hinüber ins Wohnzimmer. Dort setzt er sich hin, schaltet mit der Fernbedienung den Fernseher ein, sieht sich die Nachrichten an, trinkt dabei die Milch und isst den Keks und überfliegt während der Werbespots kurz die Zeitung. Seit vielen Jahren sind das seine täglichen Gepflogenheiten. Was er aber nicht weiß, ist, dass sein dreijähriger Sohn ihn dabei beobachtet hat.

An einem Abend kommt der Vater nach Hause und geht wie immer seinen Gewohnheiten nach. Als er das Haus betritt, seine Aktentasche und die Zeitung ablegt, sieht er plötzlich seinen Sohn in der Diele stehen und ihn anlächeln. Er hat seine Rückkehr offensichtlich erwartet. Sofort weiß der Vater, dass das Kerlchen irgendetwas im Schilde führt. Also bleibt er stehen und sieht zu, wie sein Sohn sich umdreht und Richtung Küche davonsaust.

Angenehm überrascht, schleicht der Vater ihm nach, um zu sehen, was sein Sohn vorhat. Der kleine Junge läuft in eine Ecke der Küche, zieht dort die unterste Schublade heraus (was er eigentlich nicht darf), klettert von der Schublade auf den Küchenschrank (was er erst recht nicht darf), öffnet den Schrank und holt ein Glas heraus, wobei alle anderen Gläser umfallen. Zum Glück geht keines kaputt. Mit dem Glas in der Hand turnt er über die Schublade wieder auf den Küchenboden hinunter und rennt hinüber zur Keksdose. Er streckt sich, so weit er nur kann, und erreicht die Dose mit Mühe, wirft sie um, und alle Kekse rollen auf den Boden.

Ohne seinen Vater zu beachten, sammelt er rasch alle Kekse wieder auf und legt sie mit Ausnahme von einem auf den Tisch. Mit diesem Keks und dem Glas in der Hand saust er zum Kühlschrank, legt Keks und Glas auf den Boden, öffnet den Kühlschrank und zerrt die Zweieinhalb-Liter-Milchtüte heraus. Sie ist für einen Dreijährigen schrecklich schwer, gleitet ihm auch prompt aus der Hand und etwas Milch ergießt sich auf den Boden. Doch er nimmt die Tüte wieder hoch und will Milch in das Glas gießen, wobei er schrecklich hin- und herwackelt und eine Menge Milch verschüttet.

An jedem anderen Abend hätte der Vater jetzt schon längst geschrien und geschimpft, was der Sohn doch für ein schreckliches Durcheinander anrichte. Doch stattdessen scheint der Vater zu merken, das hier etwas viel Wichtigeres vor sich geht; deshalb wartet er geduldig, bis der kleine Kerl mit dem Keks und dem Glas Milch in der Hand und einem breiten Lächeln im Gesicht zu ihm läuft. Der Vater nimmt ihn in seine Arme und sagt: »Danke, mein lieber Sohn!« Er hat erkannt, dass sein Sohn ihm ein großes Geschenk gemacht hat.

Dieser dreijährige Junge hat nur aus Leidenschaft zu seinem Vater gehandelt, und der Vater hat es zum Glück erkannt. Normalerweise ist kleinen Buben im Alter von drei Jahren die Leidenschaft schon aberzogen worden und wenn sie erwachsen geworden sind, ist Leidenschaft nur noch ein vergessener Luxus der Kindheit.

Während Sie diese Geschichte gelesen haben, sind in Ihnen bestimmt die Stimmen der Sauberkeit, Ordnung und Verantwortlichkeit laut geworden: »Runter von der Schublade! Klettere nicht auf den Küchenschrank! Pass auf, gleich gehen die Gläser kaputt! Schau mal, was du für eine Schweinerei angerichtet hast! Überall ist Milch verschüttet!« Hätte der Vater auf diese Stimmen gehört, wer weiß, welchen Schaden er bei seinem Sohn angerichtet hätte. Die leidenschaftliche Liebe des Sohnes brachte die leidenschaftliche Liebe des Vaters zum Vorschein, dessen einzige Reaktion Dankbarkeit war.

Wie viele Jahre meines Lebens habe ich mir vorgestellt, dass Gott an der Küchentür steht und sagt: »Mike, stell sofort das Glas wieder hin! Hör auf mit dem Unsinn! Runter vom Küchenschrank.« Ich hatte ja keine Ahnung, dass Gott, als ich mit meiner Milch und den Keksen zu ihm gestolpert kam, die Küche meines Lebens in völliger

Unordnung, mich trotz der verschütteten Milch liebte, seine Arme ausbreitete und sagte: »Danke, Mike. Du bist ein wunderbares Geschenk für mich!« Die leidenschaftliche Liebe Gottes erfüllt uns nicht nur mit Leidenschaft, sondern auch mit Dankbarkeit.

2. Das Geschenk der Dankbarkeit empfangen

Eine der bewegendsten Geschichten im Neuen Testament ist in allen vier Evangelien aufgezeichnet. Jesus ist im Haus eines Pharisäers zu Gast. Viele Menschen sind dort, auch die Jünger, als pötzlich beim Essen eine Frau hereinplatzt und kostbares Öl über Jesus gießt. Empörung und Ärger gehen wie eine Flutwelle durch den Raum: »Wie kann sie es wagen, solch kostbares Öl zu verschwenden!«, wird gezischt. »Man hätte das Öl für mehr als einen Jahreslohn verkaufen und das Geld den Armen geben können!«

Jesus hatte ein großes Herz für die Armen, aber er erkannte auch die Zeichen der Leidenschaft und bewertete sie sehr hoch. »Lasst sie in Ruhe!«, schoss er zurück. »Seht ihr diese Frau? Ich kam in dieses Haus. Ihr habt mir kein Wasser für die Füße zum Waschen gegeben, aber sie hat mir die Füße mit ihren Tränen genetzt und mit ihren Haaren getrocknet. Ihr habt mir keinen Kuss gegeben, aber diese Frau hat, seit sie hereingekommen ist, nicht aufgehört, meine Füße zu küssen. Ihr habt mich nicht mit Öl gesalbt, aber sie hat Öl über meine Füße gegossen!«

Jesus sagte voraus, dass man sich an diese Frau wegen ihrer leidenschaftlichen Dankbarkeit erinnern würde. Und so ist es gekommen. Jedem anderen in diesem Raum ging es nicht im mindesten um Leidenschaft. Sie interessierten sich nur für die Regeln des Anstands und das Geld. Doch diese Frau zeigte nicht nur Dankbarkeit, sie floss vor Dankbarkeit geradezu über, so sehr, dass ihr sogar die Augen davon übergingen (Lukas 7,36-50).

Leidenschaft ist verschwenderisch. Leidenschaft kann man nicht produzieren oder manipulieren. Sie entspringt der Dankbarkeit.

Einer unserer engsten Freunde ist in der Musikbranche tätig. Zehn Jahre lang lebten er und seine Frau nur aus dem Koffer, später, als er mehr Erfolg hatte, war aus dem Koffer immerhin schon ein Bus geworden. Schließlich meinte seine Frau aber doch recht bestimmt, es wäre nett, sich niederzulassen und ein richtiges Zuhause mit fließend Wasser und einem Gärtchen zu haben. Seit Jahren hatte sie von einem eigenen Haus geträumt und schließlich verliebte sie sich in ein altes Häuschen, das sie und ihr Mann renovieren und für ihre Zwecke herrichten konnten. Es war zwar klein, aber für ihre Bedürfnisse genau richtig. Sie waren so glücklich darüber, dass sie ihre Freude mit möglichst vielen ihrer Freunde teilen wollten. Deshalb organisierten sie eine Einweihungsfeier. Jeder Gast, der – allein oder mit Ehepartner – zu dieser Feier kam, brachte ein wenig Erde von seinem Zuhause mit, zusammen mit einem Segensspruch für unsere Freunde. Beim Sprechen des Segens schüttete jeder seine mitgebrachte Erde auf einen großen Erdhaufen, der schließlich im Garten unserer Freunde verteilt wurde. Den Schlusssegen sprach einer ihrer Freunde, ein Pastor. Die Worte, die er las, werde ich wohl nie vergessen:

»In weniger als einer Woche werden Daniel und Teresa hier wohnen. Es ist ein Traum, der in Erfüllung gegangen ist. Wir können uns gut vorstellen, wie sie heute Abend, nachdem wir alle weggegangen sind, im Mondlicht zusammen im Bett liegen und sich still in den Armen halten und an ihren jahrelangen Traum denken. Dann flüstert ihr euch vielleicht mit Tränen in den Augen zu: ›Ich kann's nicht glauben! Ich kann's nicht glauben!‹«

Das sind die Tränen der Dankbarkeit. Und wenn wir die Umarmung der leidenschaftlichen Liebe Jesu wirklich gespürt haben, dann füllen sich jeden Morgen, wenn wir aufwachen, unsere Augen mit Tränen, wir sehen auf zu Gott und sagen leise: »Ich kann's nicht glauben. Ich kann's nicht glauben.«

3. Ein Leben in Leidenschaft wagen

Leidenschaft ist immer ein Wagnis. In der Bibel finden wir Beispiele über Beispiele von Menschen, die eine Liebesbeziehung zu Jesus begannen und dann ihre Arbeit, ihre Familien, ihre Sicherheit für ihn aufgaben. Sobald ein Mensch Jesus begegnet, kann es ziemlich gefährlich werden. Manche dieser Menschen entfremdeten sich der Kirche, wurden von ihren Eltern abgelehnt, verloren plötzlich ihre Arbeit, landeten im Gefängnis, wurden eine persona non grata und beschuldigt, betrunken zu sein. Leidenschaft sollte man nicht auf die leichte Schulter nehmen. Ein leidenschaftliches Leben ist ein Leben voller Risiko, und es stellt sich die Frage, ob es das wert ist.

Ein Mädchen schloss, etwas unsicher über ihre Zukunft, die High-School ab. Nachdem sie ein Jahr lang Pause gemacht hatte, schrieb sie sich an einem College ein. Ihre Eltern atmeten erleichtert auf. Doch nach etwa eineinhalb Jahren war sie weder befriedigt noch glücklich. Sie entschloss sich, das Studium zu unterbrechen und für ein Jahr nach Hawaii zu gehen. Ihre Eltern und Großeltern machten sich Sorgen: »Du musst aufpassen!«, riefen sie. »In unserer modernen Welt ist eine College-Ausbildung sehr wichtig. Hawaii ist sicher toll, aber von was willst du nach dem College leben?«

Doch sie ging nach Hawaii und genoss jede Minute; und als sie zurückgekehrt war, entschloss sie sich, ihre Ausbildung noch länger auszusetzen und nach Lake Tahoe zu gehen, wo man wunderbar Snow-Board fahren kann. Ihre Eltern und Großeltern machten sich jetzt richtige Sorgen. »Hmm . . . auf Hawaii und am Lake Tahoe kann man sich wunderbar erholen und eine Zeit lang herrlich leben . . . aber was ist mit deiner Ausbildung? Du bist jetzt zweiundzwanzig, und du wirst nicht jünger.«

Was Eltern und Großeltern nicht begriffen, war, dass dieses Mädchen, während sie ihre Zeit »an Urlaubsorten verplemperte«, nach Gott und einem Weg für sich suchte. Obwohl ihr Vater Geistlicher war, hatte sie den christlichen Glauben nie wirklich für sich angenommen. Nicht, dass sie nicht an Gott geglaubt hätte – aber sie kannte ihn nicht wirklich, und sie hatte auch die Liebe Gottes noch nicht erfahren. Doch ihre Eltern wussten natürlich nichts von dieser inneren Reise. Immer wieder sagte ihnen die Tochter, sie würde im nächsten Jahr auf das College zurückgehen. Dann kam ein Anruf. »Ich gehe nächstes Jahr doch nicht aufs College zurück. Ich gehe nach Afrika!«

»*Afrika?* Was um alles in der Welt willst du in Afrika?« Ihre Eltern machten sich jetzt mehr als nur ein paar Sorgen.

»Ich will Gott finden. Ich will fünf Monate auf einem Missionsschiff bleiben, das im Moment in Südafrika ist.«

Die Eltern stellten die typischen Fragen: »Was kostet das alles? Und woher willst du das Geld dafür nehmen?«

»Kein Problem«, erkärte die Tochter zuversichtlich. »Ich hab' etwas Geld gespart und will ein paar Leute bitten, mir auszuhelfen.«

Nach nur zwei Monaten hatte sie genügend Geld beisammen und befand sich auf dem Schiff in Südafrika.

Es war fünf Monate lang das reinste Abenteuer. Sie und ihre Gruppe waren die ersten Weißen, die in einer der halbverfallenen schwarzen Vorstädte außerhalb von Durban in Südafrika lebten. In einem Brief an die Freunde, die sie unterstützt hatten, schrieb sie:

»Es war so gegen Mitternacht, und meine Freundin Carolyn und ich saßen auf einem Klettergerüst auf einem Spielplatz und sprachen davon, wie schnell unsere Zeit in Südafrika doch vergangen sei. Der Mond schien durch eine dünne Wolkendecke und die Sterne leuchteten fast genauso hell wie zu Hause. Ein paar Eukalyptus-Bäume bewegten sich im Wind und wir zogen unsere ziemlich dreckigen Kleider enger um uns. ›Ich habe eine Liebesbeziehung angefangen‹, sagte ich Carolyn, ›und es wird nie wieder vergehen.‹ Nie werde ich diese Nacht vergessen, die Bäume, den Wind, die Gerüche. Ich hatte meine Eierschale gesprengt und meinen Kokon verlassen und wollte am liebsten der ganzen Welt sagen, dass ich eine Liebesbeziehung eingegangen war. Ich hatte gefunden, was ich gesucht hatte, und als ich Ihn fand, war Er dort, wo Er immer schon gewesen war. Er war nicht weggegangen. Er nahm mich einfach in die Arme und sagte: ›Danke, danke. Ich habe dich immer schon geliebt, Jill. Schon die ganze Zeit habe ich dich zuerst geliebt.‹

Was für eine unfassbare Liebe!«

Das Mädchen, das diesen Brief schrieb, war unsere Tochter Jill. Sie wollte nicht aufs College gehen. Sie wollte auch keine berufliche Karriere machen. Sie hatte ihre Zukunft aufs Spiel gesetzt, um Gott zu suchen, und *sie hatte ihn gefunden!*

Riskieren Sie es, scheinbar unverantwortlich zu leben! Vergessen Sie alles, was vernünftig und einleuchtend ist, und entdecken Sie neu, was es heißt, mit kindlicher Leidenschaft Gott zu lieben. Machen Sie die Fahrt Ihres Lebens auf der Achterbahn seiner bedingungslosen Liebe. Und sagen Sie laut: *Was für eine tolle Fahrt!*

Glücklicher Schrecken
oder: Den heiligen Gott erfahren

»Die Menschen, die ihren Glauben wirklich ernst nehmen und es wagen, so zu werden, wie Gott es will, leben am gefährlichsten.« (John Claypool)

Als meine beiden Söhne noch klein waren, haben wir bei uns im Haus immer Verstecken gespielt. Ich zählte bis zehn und suchte die beiden. Dann zog Mark, der Vierjährige, seinen um zwei Jahre jüngeren Bruder Trent bei der Suche nach Papa hinter sich her. Ich fügte dem Spiel neben Suchen und Verstecken noch eine neue Variante hinzu: totale Angst. Wenige Sekunden, bevor mich meine Söhne in meinem Versteck aufspüren würden, sprang ich plötzlich hervor und schrie so sehr, dass den beiden vor Schreck das Herz in die Hose rutschte. Das machte das Spiel viel interessanter. Papa zu finden war schon spannend, aber die Angst vor einem »Monster« war noch eine viel größere Herausforderung.

An einem Abend versteckte ich mich, nachdem ich sie in ihren Schlupfwinkeln erfolgreich aufgestöbert hatte, einfach hinter der Schlafzimmertür. Als sie endlich bis tausend gezählt hatten (Angst ist eine sehr effektvolle Abschreckung gegen zu kurzes Zählen), begannen sie mit ihrer Suche in der Küche. »Er ist in der Speisekammer«, verkündete der Ältere.

»Dann schau du nach«, meinte der Jüngere.

»Nein, du«, erwiderte der Ältere.

»Okay, dann schauen wir beide nach!« Sie fassten sich an der Hand und öffneten vorsichtig die Tür zur Speisekammer.

Natürlich war ich dort nicht, und deshalb tat ich etwas, was alle Väter (und Mütter) tun, wenn die Kinder sie nicht finden. Ich fing an zu rufen. Verdutzt flüsterte der ältere Bruder dem jüngeren zu: »Er ist nicht in der Speisekammer.« Sofort setzten sich die beiden in die Richtung in Bewegung, aus der das Rufen gekommen war und sahen, dass die Schlafzimmertür einen Spalt offen stand. Im Zimmer war es dunkel, der Lichtschalter war zwar in Reichweite, aber sie ignorierten ihn. Langsam schlichen sie hinein. Sobald ich den

Kopf meines ältesten Sohnes ausmachte, sprang ich hinter der Tür hervor und schrie. Beide Jungen machten einen Satz und stolperten übereinander, so eilig hatten sie es, von dem schreienden Ungetüm wegzukommen.

Doch plötzlich hielt mein älterer Sohn inne, legte seinen Arm beruhigend um den jüngeren, sah auf den Vater, der wild mit den Armen fuchtelte und wie ein schreckliches Meerungeheuer brüllte, und sagte mit einem Zwinkern in den Augen: »Mensch! Das ist doch kein Monster. Das ist unser Papa! Angreifen!«

Und sie griffen an.

Zwei kleine Jungen, in schrecklicher Furcht vor ihrem Vater . . . und doch ohne Angst. Als sie ins Zimmer traten, klopfte ihr Herz wild. Sie wussten, dieses »Etwas« würde sich auf sie stürzen. Sie kannten die Stärke dieses »Monsters«, aber auch seine Liebe; sie wussten ungefähr, wo es sich aufhielt, weil sie Geräusche gehört hatten, aber mehr auch nicht. Trotzdem wurden sie wie von einem Magneten zu ihm hingezogen, sie suchten ihn, wollten nicht einmal Licht machen, und als er sich schließlich auf sie stürzte, wollten sie weglaufen, bis ihnen plötzlich aufging: *Moment mal, dieses schreckliche Etwas ist doch unser Vater.* In gewisser Weise hatten sie den Schrecken erfahren, wie ihn Erwachsene in Gegenwart unseres himmlischen Vaters erleben können.

Was ist mit dem Schrecken passiert?

Unter den Nachfolgern Jesu von heute kann ich nicht mehr viel Schrecken erkennen. Ja, wenn ich davon spreche, werde ich angesehen, als hätte ich den Verstand verloren. Aber ich möchte doch wissen, was mit dem Schrecken passiert ist, der die Erde beben macht, uns eine Gänsehaut über den Rücken jagt und unseren Herzschlag zum Stillstand bringt, der uns sprachlos, hilflos, ohnmächtig und zugleich glücklich macht. Der Schrecken, von dem ich spreche, ist eine Mischung aus Überraschung, Staunen, Ehrfurcht und Anbetung – alles gleichzeitig.

Ich frage mich langsam, ob wir modernen Jünger Jesu in Gottes Gegenwart noch einen Schrecken bekommen können. Es gibt keine Angst mehr vor Gott. Oder vor Jesus. Oder vor dem Heiligen Geist.

Die Folge ist, dass wir ein gemütliches Evangelium vertreten, das Tausende anzieht . . . aber niemanden verändert.

Es ist Zeit, dass das Christentum wieder ein Ort des Schreckens wird; ein Ort, an dem Gott uns sagen muss: »Fürchte dich nicht«; ein Ort, an dem unsere Beziehung zu Gott nicht nur irgendein Glaube, ein Dogma oder eine Theologie ist, sondern das Bewusstsein von Gottes erschreckender Gegenwart in unserem Leben. Der nette, liebe Gott muss ersetzt werden durch einen Gott, vor dessen bloßer Gegenwart unser Ego zu Staub zerfällt, unsere Sünde zu Asche verbrennt und unser wahrer Mensch offenbar wird. Eine gesunde, kindliche Furcht sollte in uns bewirken, dass wir mehr Respekt vor Gott haben als vor unseren Regierungen, unseren Problemen, unseren Lebensüberzeugungen und unseren Terminkalendern. Unser Gott kann ohne weiteres einen Sturm um uns stillen oder uns mitten in einen Sturm hineinstellen. Egal wie, wenn es Gott ist, macht es uns sprachlos, wir erschrecken und . . . wir lächeln.

Es ist an der Zeit, ein Volk zu werden, dessen Gott groß, heilig, schrecklich, sanft und unser Gott ist; ein Gott, dessen Liebe uns in so große Furcht versetzt, dass wir in seine starken Arme laufen und uns von seiner erschreckenden liebenden Gegenwart umfangen lassen.

Wie ist es möglich, dass unser Gott so gemütlich werden konnte? Wie ist es möglich, dass sich unsere Ehrfurcht vor Gott in eine lauwarme Dankbarkeit ihm gegenüber verwandeln konnte? Dass aus der atemberaubenden Gegenwart ein netter Kumpel werden konnte? Und wie ist es möglich, an Jesus zu denken, ohne uns daran zu erinnern, dass sein Sterben am Kreuz die Erde erbeben, den Himmel verdunkeln und die Luft erzittern ließ? Warum halten wir nicht atemlos inne und sagen: »Das ist kein gewöhnlicher Gott!«?

Allzu vertraut

Den meisten Menschen in Amerika ist das Christentum nur allzu vertraut. Schließlich handelt es sich hier um eine »christliche« Nation. Drei von fünf Amerikanern gehen immer noch ziemlich regelmäßig in die Kirche. Wir wissen allerhand über Gott, Jesus und die Bibel. Wir haben die Geschichten gehört, die Lieder gesungen, sind in den Kindergottesdienst gegangen, wurden getauft und konfirmiert. Eigentlich wissen wir doch alles über Gott. Er gehört zu unserer Kultur, unserer Bildung, unserem alltäglichen Leben.

Kürzlich wurde mir bewusst, wie gefährlich es ist, wenn uns manche Dinge zu vertraut werden. Ungefähr alle zwei Jahre besuche ich Nordirland. Dieses zerrissene Land und seine Menschen sind mir ans Herz gewachsen. Jedes Mal, wenn ich dort bin, leide ich mit unter den »Problemen«, von denen dieses kleine Land geschüttelt wird. Als ich das erste Mal nach Nordirland kam, holte mich ein intelligenter, sehr engagierter Student vom Flughafen ab. Nachdem wir mein Gepäck ins Auto geladen hatten und Richtung Hotel unterwegs waren, fragte ich ihn: »Wie können Sie nur inmitten all der täglichen Bombenangriffe und Schießerein leben? Kann man sich jemals daran gewöhnen?«

Er lächelte und sagte: »Ihr Amerikaner. Ihr seht zu viel fern. In New York passieren an einem Tag mehr Verbrechen als in Belfast in einem ganzen Jahr.«

»Ach so«, entschuldigte ich mich. Wie ahnungslos ich doch war! Als wir etwa noch eine halbe Stunde zu meiner Unterkunft zu fahren hatten, erkundigte ich mich nach meinem Hotel. Er lächelte wieder. »Ach, tut mir leid. Ich hab' vergessen, Ihnen zu sagen, dass das Hotel, in dem wir Sie eigentlich untergebracht hatten, vor einem Monat in die Luft gesprengt wurde. Wir mussten Sie umbuchen.«

»Okay«, dachte ich. »Na schön. Das kann hier eben passieren.«

Als wir in meinem Hotel in Portadown angekommen waren, fragte ich den Studenten, ob er mir nicht ein Geschäft nennen könnte, in dem ich für meinen dreitägigen Aufenthalt ein paar Kleinigkeiten einkaufen konnte.

»Tut mir leid, hier gibt's kein Geschäft. Vor ungefähr drei Tagen ist in der Stadt eine Bombe explodiert, und es kann Monate dauern, bis die Schäden behoben sind. Außerdem gilt ab sechs Uhr abends ein Ausgangsverbot, Sie werden Ihr Hotel also gar nicht verlassen können.«

»Na gut, das kann hier eben passieren«, sagte ich mir schon zum zweiten Mal.

Am nächsten Morgen kam der junge Mann wieder, um mich zu der Festveranstaltung zu fahren, auf der ich sprechen sollte. Auf dem Weg dahin, auf einer schmalen, gewundenen Landstraße, tauchten plötzlich zwei maskierte Soldaten mit Maschinengewehren auf und machten uns Zeichen anzuhalten. Während sie unsere Papiere überprüften, war eins der Maschinengewehre auf meinen Kopf gerichtet, das andere auf den Kopf meines Fahrers. Dieser war völlig ruhig, ich nervlich nur noch ein Wrack. Und ich dachte nur: »Na ja, ganz wie in New York.«

Erst später kam mir zu Bewusstsein, dass dieses arme Land schon so lange im Terror lebt, dass die Bevölkerung ihn gar nicht mehr als solchen erkennt. Sie nehmen nicht mehr wahr, was sie zerstören kann.

Unser christliches Land hingegen nimmt nicht mehr wahr, was uns *befreien* kann. Die radikale Wahrheit des Evangelium ist für uns nichts Neues mehr; Jesus kann uns nicht mehr verblüffen, und von der Kirche erwarten wir auch nichts mehr. Das scharfe, durchdringende Wort der Bibel scheint langweilig und stumpf geworden; die Gemeinde, die die Welt verändern sollte, hat sich angepasst; und ein revolutionärer Jesus ist in unserer modernen Welt zu einer »interessanten Erscheinung« verkommen.

Ist aber Jesus der Sohn Gottes, sollten wir vor den Folgen, wenn er unser Leben in die Finger kriegt, erschrecken; ist die Bibel Gottes Wort, sollten wir jedes Mal erzittern, wenn wir ihre bewegende Botschaft lesen; ist die Kirche der Leib Christi, sollte sich die Gesellschaft von unserer bedrohlichen Gegenwart eingeschüchtert fühlen.

Aber unsere Gesellschaft fühlt sich nicht eingeschüchtert, die Menschen um uns werden von dem Jesus in unserem Leben nicht in Angst und Schrecken versetzt, und unsere Welt erzittert nicht vor dem Wort Gottes. Warum? Weil wir das Evangelium so vertraut gemacht haben, so steril und flach, weil wir alle Tiefen und alle Spitzen herausgenommen haben.

Und wir haben uns von Menschen einschüchtern lassen, die behaupten, mit Jesus auf Du und Du zu stehen. Egal, ob es sich dabei um Pastoren, geistliche Lehrer oder Buchautoren handelt – sie wollen uns überzeugen, dass sie wegen ihrer Vertrautheit zu Gott ein besonderes Wissen genießen, wie und wann Gott handelt. Auf den ersten Blick scheinen sie Gott wirklich gut zu kennen, ja, sie scheinen alles über ihn zu wissen. Sie haben »den Schlüssel zum Willen Gottes«, wissen »den Weg zu einem erfüllten Leben« und kennen »die sechs Schritte zur geistlichen Reife«. Obwohl sie nie behaupten würden, vor Gott eine besondere Stellung einzunehmen, vermitteln sie uns doch genau diesen Eindruck. Ihre Botschaft lautet: »Macht euch Gott und die Bibel vertraut, dann werdet auch ihr wissen, was Gott als nächstes tut.« Doch diese Botschaft könnte von der Wahrheit gar nicht weiter entfernt sein.

Diese Menschen haben das Evangelium auf eine Reihe von Prinzipien, Lehrsätzen, Bibelversen und Moralvorstellungen reduziert; als wäre Gott eine Art mathematisches Problem, das gelöst werden muss. Was dahintersteckt (aber nie ausdrücklich gesagt wird) ist: Wenn wir erst einmal die Formel verstanden haben, nach welchen Prinzipien Gott arbeitet und »funktioniert«, können wir uns in Ruhe zurücklehnen, weil wir wissen, wie Gott vorgeht. Das klingt wirklich gut, nur – es stimmt nicht.

Vertrautheit macht Gott kleiner

Die Jünger waren mit Jesus sehr vertraut; sie kannten ihn in- und auswendig. So dachten sie jedenfalls. Im Markusevangelium wird uns erzählt, wie Jesus am Ende eines langen Tages, den er im Dienst für andere verbracht hatte, die Jünger vorausschickte und auf einen Berg stieg, um zu beten (Markus 6,45-52). Die Jünger wollten mit einem Boot auf die andere Seite des Sees Genezareth rudern, als ein Sturm aufkam und das Wasser aufpeitschte. Ein Weiterkommen war kaum möglich. Ungefähr um drei Uhr morgens sahen sie plötzlich, wie Jesus auf dem Wasser auf sie zuging. Zuerst hielten sie ihn für ein Gespenst und »schrien auf und zitterten vor Angst«.

Seit zwei Jahren waren die Jünger Tag und Nacht mit Jesus zusammen gewesen. Sie hatten Wunder gesehen, Heilungen und Totenauferweckungen und trotzdem wurden sie noch von Entsetzen gepackt, als sie Jesus auf dem Wasser gehen sahen. Wenn jemand Jesus hätte erkennen müssen, dann sie. Wenn jemand die Macht Jesu hätte begreifen müssen, dann sie. Aber sie hielten ihn für einen Geist. Es war eine schlichte Verwechslung. Sie hatten gedacht, alles über Jesus zu wissen, aber der Jesus, den sie kannten, war klein, und der Jesus auf dem Wasser war viel größer, als sie ihn sich je vorgestellt hatten.

Wenn Sie und ich in der Gegenwart des geheimnisvollen Sohnes

Gottes sind, wird das Geheimnis noch geheimnisvoller. Wenn wir Gott kennen lernen, schrumpft Gott nicht zusammen – er wird größer. In 1. Korinther 13 macht Paulus ganz deutlich, dass wir nur »ein unklares Bild sehen, wie in einem trüben Spiegel«. Anders ausgedrückt ist das »unklare Bild im trüben Spiegel« nur eine Beschreibung für unser Verständnis und Wissen über Gott. »Jetzt kennen wir ihn nur unvollkommen«, sagt Paulus, »dann aber werden wir ihn völlig kennen.« Mit diesem »dann« meint Paulus sicher nicht heute. »Dann« ist, wenn wir bei Gott sind und der Schleier sich gelüftet hat. Die geheimnisvolle, wunderbare Furcht, die wir in der Gegenwart Gottes empfinden, ist ein Zeichen von Reife, von Nähe, ein Zeichen eines tiefen und beständigen Glaubens. Es ist der Moment, in dem wir verstehen, dass der »Geist« (das Monster) tatsächlich unser Abba, unser »Papa« ist.

Dunkelheit lässt Gott bedrohlicher und näher erscheinen

Dunkelheit ist ein Nährboden für Angst. Wenn wir im Dunkeln sind, können wir nichts und niemanden sehen. Blankes Entsetzen packt uns, wir fühlen uns hilflos, isoliert, verletzlich, verloren, verwirrt und erschreckt. Vor allen Dingen fühlen wir uns allein gelassen. Im Dunkeln verlieren wir die Orientierung, die Wirklichkeit wird nur noch verzerrt oder überzogen wahrgenommen. Die Jünger waren in ihrem Boot verzweifelt. Verwirrung und Panik hatte sie erfasst. Durch die Dunkelheit konnten sie Jesus nur schlecht sehen.

In C.S. Lewis Buch »*Die Reise auf der Morgenröte*« ist das Schiff »Morgenröte« in eine »Inselwelt der Dunkelheit« gesegelt und alle, die mit im Boot saßen, waren voller Furcht (ähnlich wie die Jünger in ihrem Boot) außer einer einzigen, sehr couragierten Maus namens Reepicheep. In einem Moment der Reise sah es so aus, als würden sie die dunkle Inselwelt überhaupt nicht mehr verlassen können, und eine der Passagiere, Lucy, flüstert: »Aslan, Aslan, wenn du uns je geliebt hast, dann sende uns jetzt deine Hilfe.«

Die Geschichte geht weiter: »Die Dunkelheit nahm nicht ab, aber Lucy fühlte sich langsam ein bisschen, ein ganz kleines bisschen besser.« Beinah gleichzeitig sah einer aus der Mannschaft plötzlich ein winziges Licht vor ihnen, das zwar auch die sie umgebende Dunkelheit nicht vertrieb, aber doch das Schiff beleuchtete. (Bitte nehmen Sie zur Kenntnis, dass die Dunkelheit nicht heller wurde. Gott befreit uns nicht immer von der Dunkelheit, aber er stellt sich in der Dunkelheit zu uns.)

Lucy betrachtete den Lichtstrahl und erblickte plötzlich etwas in ihm. Zuerst sah es wie ein Kreuz aus, dann wie ein Flugzeug und schließlich waren es, genau über ihr, die schwirrenden Flügel eines Albatros'. Dreimal umkreiste der Vogel den Mast und ließ sich für einen Augenblick auf dem Kamm des vergoldeten Drachens am Bug des Schiffes nieder. Mit starker süßer Stimme rief er Töne aus, die sich wie Worte anhörten, aber keiner konnte sie verstehen . . . Und niemand außer Lucy hörte, wie er, als er den Mast umkreiste, ihr zuflüsterte: »Nur Mut, mein Herz.« Die Stimme, da war sie sich ganz sicher, gehörte zu Aslan, und mit der Stimme wehte ihr ein köstlicher Duft ins Gesicht.[16]

Als die Jünger Jesus sahen, ergriff sie das blanke Entsetzen, doch inmitten ihrer Angst flüsterte Jesus: »Nur Mut! Ich bin's. Habt keine Angst.« (Klingt dem »Nur Mut, mein Herz« sehr ähnlich.) Dann kam er zu ihnen ins Boot. Was taten die Jünger als nächstes? Matthäus erzählt uns, dass sie vor ihm niederfielen (Matthäus 14,33). Der Wind blies immer noch heftig, die Jünger hatten mit dem Rudern immer noch große Mühe, aber Jesus war im Boot – und sie beteten ihn an. Ihre Anbetung war eine direkte Folge ihrer Erfahrung mit Jesus *im Dunkeln*. Jetzt kannten die Jünger Jesus noch besser. Jetzt, aber erst jetzt verstanden sie, dass wir, wenn die Dunkelheit kommt und wir allein sind, in Wirklichkeit *nicht allein* sind. Jesus Christus ist Herr, selbst in der Dunkelheit.

Das Erschrecken vor dem Komplizierten

Einer meiner Freunde holte seine Tochter von der Schule ab. Sie ging in die zweite Klasse. Als sie nach Hause fuhren, fragte mein Freund: »Was habt ihr heute in der Schule gelernt?«

»Wir haben etwas über die Bienen gelernt, Papa.«

»So, was denn?«, wollte der Vater wissen.

»Mein Lehrer hat gesagt, Gott hat die Bienen erschaffen und der Teufel den Stachel.«

Mein Freund war mit Recht besorgt über die Auffassung dieses Lehrers. Schreibt man Gott alles Gute und dem Teufel alles Schlechte zu, wird es viel einfacher, das Leben zu verstehen. Es gibt keine Geheimnisse zu enthüllen und keine komplizierten Fragen zu lösen. Gott zu verstehen und seine Gedanken zu entschlüsseln wird einfach. Und es gibt auch nichts zu fürchten, wenn Gott so unkompliziert ist.

Doch dieser Lehrer irrte sich. Gott schuf nicht nur die Biene, sondern *auch den Stachel*! Wir leben in einer Welt, in der wir von »Bienenstacheln« getötet werden können, und das erfüllt uns mit Angst. Die Wirklichkeit ist kompliziert, das Leben ist kompliziert, und Gott ist kompliziert. Im Schmutz und Staub der Wege unserer realen Welt sind Gottes Fußspuren nicht leicht zu erkennen. Und wenn wir uns verirrt haben, wollen wir Gottes Spuren wieder finden. Wenn es dunkel ist und wir im Boot mitten in einem Sturm sitzen, haben wir keine Lust auf düstere, undeutliche Formen und Gestalten auf dem Wasser. Wir haben Angst, wenn wir Gottes Spur aus den Augen verlieren. Wir sind entsetzt, wenn wir nicht genau wissen, was Gott vorhat.

Aber jetzt kommt die gute Nachricht. Erinnern Sie sich noch an meine beiden Söhne? Denken Sie daran, wie die beiden ins Schlafzimmer kamen und wussten, dass ich mich im Dunkeln versteckt hatte. Sie hätten Licht machen können – aber das taten sie nicht! So viel Angst sie auch vor dem »Monster« hatten, das im Finstern auf sie lauerte, sie kehrten doch nicht um, denn sie wussten instinktiv: Papa ist da.

Eine der herrlichen Kompliziertheiten Gottes ist, dass er sich im Geheimen offenbaren kann. Wenn wir uns verirrt haben, ist Gott immer noch an der richtigen Stelle. Er wartet auf uns, sogar in der Dunkelheit!

Johannes der Täufer musste erfahren, wie kompliziert es mit Jesus war. Mit seiner eigentümlichen Kleidung und seinen machtvollen Predigten war Johannes wie ein Sturm über das Land gefegt. Schon bald kamen die Massen zu ihm. Doch er sagte: »Ich bin nicht der Messias! Aber der Messias kommt, und ich bereite ihm den Weg.«

Johannes der Täufer stand treu zu seinem Messias und bereitete die Welt auf ihn vor. Nichts sollte sich seiner Mission in den Weg stellen – weder der eigene Ruhm noch die Loyalität seiner Jünger. Er verstand, wer Jesus war: der Messias.

Doch sein Weg endete im Gefängnis. Keine Freiheit. Keine jubelnden Massen. Keine Nachfolge. Und anscheinend kein Messias. Seine Emotionen machten eine Talfahrt. Sein Leben schien aus den Fugen zu geraten. Habe ich mein Leben auf einer Lüge aufgebaut? Glaube ich das alles wirklich? Wo ist denn dieser Messias? Warum hat er mich preisgegeben? Warum holt er mich hier nicht raus? Er heilt Blinde, Lahme und Aussätzige – warum sitze ich dann im Gefängnis?

Jesus lässt ihm eine seltsame Botschaft ausrichten: »He, Johannes. Du hast absolut Recht. Die Blinden sehen, die Lahmen gehen, die Aussätzigen werden geheilt, die Tauben hören, die Toten werden auferweckt und den Armen wird das Evangelium gepredigt.« Mit diesem Vers aus dem Alten Testament, der das Handeln des Messias beschreibt, sagte Jesus damit: »Ja, ich bin wirklich der Messias. Ich heile die Kranken und wecke Tote auf. Aber dich hole ich nicht aus dem Gefängnis, Johannes. Das Leben ist schwierig.«

Mit Sicherheit muss Johannes der Täufer geglaubt haben, dass Jesus einen Weg gefunden hätte, ihn zu befreien. Es war doch kein Problem für ihn, die Gefängnistore zu öffnen! Aber Johannes blieb im Gefängnis mit der erschreckenden Wahrheit, dass er dem Jesus, der ihn retten kann, auch dann vertrauen soll, wenn er nicht gerettet wird. Genau in dem Moment, als Johannes dachte, er würde Jesus kennen, wurde das Geheimnis um Jesus noch tiefer. In dem Moment, als Johannes meinte, Jesus würde durch seine Befreiung zeigen, wer er war, ließ Jesus ihn im Gefängnis. Aus, Schluss.

Doch Moment mal. Was ließ Jesus dem Johannes durch seine Botschaft sagen? War es nicht: »Johannes. Du hast dein Leben für die Wahrheit aufs Spiel gesetzt. Du kannst mir vertrauen. Tief in deinem Herzen darfst du wissen, dass ich im Leben *wie auch im Tod* bei dir bin. Der Tod hat nicht das letzte Wort. Ja, dein Leben, das immer wieder auf dem Kopf steht, geht vielleicht zu Ende, aber der Tod ist nicht das Ende.«

Der Schrecken eines Lebens, das auf den Kopf gestellt wird

Vor einigen Jahren verbrachte eine Bekannte von uns ihre Ferien auf einer Insel in South Carolina. Es war zufällig die Zeit, in der die riesigen Meeresschildkröten (von denen eine bis zu hundertzwanzig Kilogramm schwer werden kann) ihre Eier legen. Eines Abends schleppte sich ein sehr großes Weibchen an den Strand. Die Frau wollte das Tier nicht stören, deshalb ging sie weg und kam erst am nächsten Morgen wieder, weil sie unbedingt sehen wollte, wohin die Schildkröte ihre Eier gelegt hatte. Zu ihrer Bestürzung fand sie jedoch Spuren, *die in die falsche Richtung führten*. Die Schildkröte hatte offensichtlich die Orientierung verloren und war in die heißen Sanddünen gewandert, wo der sichere Tod auf sie wartete. Die Frau folgte der Spur und fand bald darauf die Schildkröte, die ganz mit heißem, trockenen Sand bedeckt war. Schnell entschlossen legte die Frau Seegras über die Schildkröte und goß kühles Meerwasser über das Tier; dann alarmierte sie die Küstenwache. Nach wenigen Minuten kam einer der Männer mit einem Jeep angefahren. Er drehte die Schildkröte rasch um, umwickelte ihre Vorderfüße mit Ketten, die er an der Anhängerkupplung des Jeeps befestigte. Dann fuhr er los und zog die Schildkröte so schnell hinter sich her, dass sich ihr Maul mit Sand füllte und ihr Kopf stark zurückgebogen wurde, so dass es aussah, als würde er abreißen. Am Strand angekommen, befreite der Küstenwart das Tier und drehte es wieder um. Die Schildkröte bewegte sich nicht. Das Wasser umspülte langsam ihren Körper und reinigte ihn vom Sand. Als die Wellen höher wurden, kam plötzlich Leben in das Tier; zuerst waren es nur schwache Bewegungen, doch als das Wasser tief genug war, stieß die Schildkröte sich vom Strand ab und verschwand.

Unsere Bekannte schrieb in ihr Tagebuch:

»Als ich sah, wie die Schildkröte langsam wegschwamm musste ich daran denken, welcher Alptraum die Fahrt durch die Dünen für sie gewesen sein muss; da kam mir plötzlich der Gedanke, dass es oft schwer ist zu sagen, ob die Hand, die uns umdreht und uns auf den Rücken wirft, uns ins Leben oder in den Tod führen will.

Die Schildkröte konnte nichts weiter tun als auszuhalten, und das war schwierig genug.

Sie hätte auch sterben können, aber sie überlebte. Es muss eine entsetzliche Fahrt durch die Dünen gewesen sein. Wenn Schildkröten Angst empfinden können, muss dieses Tier große Angst gehabt haben, aber es war eine Angst zum Leben; eine Angst, die auch wir immer wieder erfahren, wenn wir auf den Rücken geworfen werden und uns der Hand Jesu ausliefern.«

Erwachsene sprechen nicht viel über Angst. Kinder immerzu. Sie reden vom »schwarzen Mann« oder vom »Monster« unter dem Bett. Man müsste annehmen, dass sie jede Chance wahrnehmen, Angst und Schrecken aus dem Weg zu gehen, aber . . . ich weiß noch, dass meine beiden Söhne immer Verstecken spielen wollten . . . einmal . . . und noch einmal . . . und noch einmal . . .

Naive Gnade
oder: Gott liebt verschwenderisch

»Lieber Gott,
ich fühle mich nicht mehr so allein, seit ich weiß, dass es dich gibt. Nora«
(Kinderbriefe an den lieben Gott)

»Jesus liebt uns, wie wir sind, und nicht, wie wir sein sollten, egal, ob wir
dessen würdig oder unwürdig, treu oder untreu sind; er liebt uns in der Mor-
gensonne wie im Abendregen, ohne Vorsicht, ohne Bedauern, ohne Gren-
zen und ohne Wenn und Aber.« (Brennan Manning)

Vor ein paar Jahren bat ich eine befreundete Familie, mir von ihrer zweijährigen Tochter Alana ein Bild aus ihrem Malbuch ausmalen zu lassen. Wenn Alana Bilder ausmalte, kümmerte sie sich nicht um Linien, Farben oder Symmetrie. Es fiel ihr nie ein, dass mit ihrer Arbeit etwas nicht stimmen könnte. Für eine Freundin hatte sie auch schon ein Bild ausgemalt. Nun kam sie an einem Sonntagmorgen vor dem Gottesdienst zu mir und brachte mir das Bild. Es sah ungefähr so aus wie das folgende Bild (s. S. 104).

Sie war sehr stolz und glücklich und wartete ungeduldig auf eine Reaktion von mir. Ich reagierte auch, und zwar so, wie die meisten Erwachsenen wohl reagieren würden; ich log. »Ach, Alana, danke für dieses wunderschöne Bild. Du musst sehr lange daran gesessen habe, es ist aber auch besonders hübsch geworden. Vielen Dank.« Natürlich dachte ich dabei: »Das ist ja ein schreckliches Bild. Kann sie denn nur mit Rot malen? Was ist mit Gelb? Oder Blau und Grün? Und keiner ihrer Striche ist auch nur annähernd innerhalb der Linien. Was soll das? Nimm's wieder mit und mach's noch einmal, aber dieses Mal richtig!«

Aber ich konnte Alana nicht kritisieren, zum einen, weil sie einen kindlichen Charme ausstrahlte, zum anderen, weil sie intuitiv wusste, dass sie als Kind außerhalb der Linien malen durfte. War das naiv? Natürlich. Gebe es Gott, dass wir alle diese kindliche Naivität behalten könnten, wenn es um Gnade geht.

Den größten Teil meines Lebens hat man mir laut und deutlich gepredigt, christlicher Glaube bedeute, innerhalb der Linien und schön zu malen. Wenn ich ein guter Christ wäre, Jesus lieben, die Bibel lesen, beten und in die Kirche gehen würde, könnte ich im Malen immer besser werden. Und wenn ich ein langes und gottesfürchtiges Leben führen würde, könnte das Bild am Ende fast vollkommen werden.

Wer diese Botschaft auch immer in die Welt gesetzt hat – sie ist eine Lüge. Ich bin jetzt fünfundfünzig Jahre alt und mein Bild sieht ziemlich unvollkommen aus.

Ich glaube, Gott sieht mein Bild an und sagt: »Hmmm. Du scheinst Grün sehr zu mögen. In deinem Strich liegt viel Leidenschaft. Mir gefällt's.«

Noch während ich diese Worte schreibe, kann ich die »Bedenken« derer hören, die meinen, das Evangelium könne von manchen missverstanden werden. »Sie wollen damit doch nicht etwa sagen, dass Gott alles egal ist? Gott hat doch seine Maßstäbe!«

Was ich sagen will, ist: Gottes Gnade liegt so weit außerhalb der Linien unseres Verständnisses, dass uns nichts weiter bleibt, als ehrfürchtig zu staunen. Im christlichen Glauben geht es nicht darum zu lernen, wie man innerhalb der Linien malt, sondern um die Freude am Malen. Gottes Gnade ist verrückt genug, ein Gemälde schön zu heißen, dass jeder andere als hässlich abweisen würde. Die Gnade Gottes sieht über das Gekleckse hinweg in das Herz des »Künstlers« hinein, Künstler, die den beiden Dieben nicht unähnlich sind, die neben Jesus am Kreuz hingen. Einer der Diebe bat Jesus, ihm zu vergeben und ihn trotz seines verpatzten und schlechten Lebens in Gottes Reich aufzunehmen . . . und Jesus tat es! Verrückt. Und sehr gut für den Rest von uns Künstlern.

Legitimierung durch Gnade

Ich bin kein richtiger Geistlicher. Mich selbst bezeichne ich oft als »No-name-Pastor«, obwohl ich ordiniert bin. Ich habe keine theologische Fakultät besucht und bin von zwei Bibelschulen verwiesen worden. Trotzdem leite und betreue ich zwei Gemeinden seit mehr als zwanzig Jahren. Ich werde auch nicht von der Kirche bezahlt. Obwohl ich Witze darüber mache, kein »legitimer« Geistlicher zu sein, hat es mich tief im Inneren doch immer geärgert. Noch nie hat mich jemand absichtlich deshalb angegriffen, aber es klingt immer so, als müsse ich mich entschuldigen, wenn jemand zum ersten Mal hört, dass ich Geistlicher bin, und sagt: »Ach, Sie sind Pastor. Wo haben Sie denn studiert? Ach so, welche Bibelschule haben Sie denn besucht?«

Vor ein paar Jahren wurde ich zu der Ordination eines Freundes eingeladen. An einem Sonntagnachmittag kamen ungefähr dreihundert Menschen zusammen, um mit ihm diese Feier zu erleben.

Bei der Ordination der presbyterianischen Kirche wird für den neuen Geistlichen eine eigene Predigt gehalten. Die ganze Gemeinde hört zu, wenn über die Bedeutung eines geistlichen Hirtenamtes gesprochen wird. Schon fünf Minuten nach Beginn dieser Ansprache fing ich an zu weinen. Zunächst wusste ich nicht einmal, warum.

Am Ende des Gottesdienstes wurde mein Freund Ted gebeten, nach vorn zum Altar zu kommen und mit dem Gesicht zur Gemeinde niederzuknien. Dann wurden alle ordinierten Geistlichen im Raum aufgerufen, ebenfalls nach vorn zu kommen, Ted die Hände aufzulegen und für ihn zu beten. Wieder begann ich zu weinen, aber dieses Mal wusste ich, warum. Ich war damals nicht ordiniert. Ich konnte nicht einmal nach vorn gehen und für meinen Freund beten. In diesem Moment wünschte ich mir unbedingt das, was Ted bekam. Ich wollte das Stück Papier, die offizielle Anerkennung, Geistlicher zu sein. Doch ich blieb sitzen, während ungefähr fünfzehn Geistliche aufstanden und nach vorn gingen, um für Ted zu beten.

Während Ted darauf wartete, dass die Aufgerufenen zu ihm kamen, blickte er in die Menge, und man sah seinem Gesicht die Freude über diesen Moment an. Langsam ließ er seinen Blick durch den Raum schweifen, doch plötzlich hielt er inne. Er sah mich direkt an. Er sah meine Tränen. Dann lächelte er. Nie werde ich vergessen, was er als Nächstes tat. Er zwinkerte mir zu! Er sah mir direkt in die Augen, zwinkerte mir zu, nickte dann mit dem Kopf und forderte mich auf, zu allen anderen Geistlichen nach vorn zu kommen. Was für ein Augenblick der Gnade! Ted sagte mir: »Mike, Jesus hat dich legitimiert! Komm hierher, wo du hingehörst.« Ich hatte das Gefühl, durch ihn zwinkerte Jesus mir zu.

Gnade macht das Ungleiche gleich

Gottes Gnade ist gefährlich. Gottes Gnade ist verschwenderisch, unmäßig, unerhört und skandalös. Gottes Gnade ist lächerlich umfassend. Offensichtlich kümmert es Gott nicht, wen er liebt. Er wählt auch nicht sorgfältig aus, wen er seine Freunde und wen er seine Kirche nennt. So ist es.

Zu den Gleichnissen Jesu, die mir am besten gefallen, gehört die Geschichte in Lukas 14, »Das große Abendmahl«. Ein reicher Mann hat ein verschwenderisches Festessen vorbereitet und viele Gäste eingeladen. Am Tag des Festes schickt er seinen Diener los, um den Gästen zu sagen, dass alles fertig sei. Doch alle Gäste bringen Ausreden vor – eine Hochzeit, Geschäfte, Landverkäufe – alles legitime Gründe, nicht zu kommen. Der Gastgeber wird wütend und trifft eine verrückte Entscheidung. »Geh schnell auf die Straßen und Plätze der Stadt«, sagt er zu seinem Diener, »und lade alle Armen, Verkrüppelten, Blinden und Lahmen ein.« Der Diener gehorcht, muss seinem Herrn aber später etwas hilflos gestehen: »Alles, was du gesagt hast, habe ich getan, aber es sind immer noch Plätze frei.« Daraufhin erklärt der Herr seinem Diener: »Dann geh auf die Feldwege und an die Hecken und Zäune und dränge die Leute zu kommen, damit mein Haus voll wird!«

Können Sie sich vorstellen, wie es auf diesem Fest zugegangen sein mag? Wie in einem Affenhaus! Krüppel, Blinde, Lahme, Huren, Kriminelle, Versager, Obdachlose, Alkoholiker, Drogenabhängige, Arme. Ein riesiger Tisch, an dem lauter schäbige, dreckige, sozial geächtete Gestalten ohne Anstand und Manieren sitzen, von denen ursprünglich keiner eingeladen war.

Und das, so wird uns gesagt, ist ein Bild für die *Kirche*! Ein Haufen von Versagern und Ausgestoßenen? Eine Ansammlung von verachteten und aufrührerischen Subjekten? Jesus zeigt sehr deutlich, dass es in dieser Kirche keinen Platz für Arroganz und Hochmut gibt, *denn keiner von uns hat einen Anspruch, hier dazuzugehören!*

Einige Jahre lang arbeiteten meine Frau und ich ehrenamtlich bei einer sozialen Vereinigung mit, die sich »Young Life« nannte. Wir begleiteten einen jungen Mann, der ein Jahr lang eine sehr schwierige Zeit durchmachte. Er hatte Probleme in der Schule, kam immer wieder mit dem Gesetz in Konflikt und landete in der Jugendstrafanstalt. Sein Zuhause war ein einziges Chaos. Der Vater, ein Alkoholiker, misshandelte die ganze Familie seelisch und körperlich. Meine Frau und ich freundeten uns mit dem Sohn an. Sechs Monate lang kümmerten wir uns intensiv um ihn, während sein Vater auf Entzug ging.

Wir hätten die ganze Geschichte wahrscheinlich vergessen, wären nicht an unserem Haus einige Renovierungsarbeiten fällig geworden. In unserer Küche sollten die Fliesen erneuert werden, und weil wir in einer Kleinstadt wohnen, bestellten wir die Fliesen in einer größeren Stadt hundert Kilometer entfernt. Daraufhin rief uns die Fliesenfirma an und teilte uns mit, dass sie erst in drei Wochen einen Fliesenleger für uns hätten. Die Lösung wäre, einen Fliesenleger vom Ort zu nehmen. Wir hatten nichts dagegen – bis wir seinen Namen hörten. *»Den Mann ganz sicher nicht!«*, schrie ich ins Telefon. »Der Kerl ist Alkoholiker, er schlägt seine Familie und ich habe nicht das geringste Vertrauen zu ihm!« Es war der Vater des jungen Mannes, um den wir uns gekümmert hatten. Man versprach uns, jemand anderen zu suchen.

Doch zwei Tage später kam die schlechte Nachricht, dass mit Ausnahme dieses Mannes niemand für die Arbeit frei sei. Wir wollten die Küche möglichst schnell neu gefliest haben, deshalb sagte ich mit einigem Zögern zu. Meiner Frau erklärte ich: »Ich werde ihn mit Argusaugen beobachten. Er soll nur versuchen, uns zu betrügen.« Ich verlangte einen Kostenvoranschlag von ihm, der sich für drei Tage Arbeit auf 350 Dollar belief. Jeden Tag bewachte ich den Fortgang seiner Arbeit. Am dritten Tag sah es so aus, als würde er termingerecht fertig werden. Ich ging zu ihm und sagte ganz nebenbei: »Wenn Sie fertig sind, kommen Sie bitte in mein Büro, dort schreibe ich Ihnen einen Scheck aus.«

»Ach ja«, erwiderte er. »Ich muss mit Ihnen noch über das Geld sprechen. Aber erst mach ich fertig.«

Ich stürmte hinaus, lief in mein Büro (das in der Garage neben dem Arbeitszimmer meiner Frau liegt) und berichtete ihr wütend:

»Ich hab's doch gewusst. Er will versuchen, uns zu betrügen und mehr Geld 'rauszuschlagen. Aber ich habe einen Vertrag und er bekommt keinen Pfennig mehr als vereinbart.« Ich tobte und wütete noch eine Weile und wies dann meine Frau an: »Lass die Tür zwischen uns offen, dann kannst du hören, wie ich mit ihm fertig werde. Nicht einen Pfennig mehr soll er haben.«

Um fünf Uhr nachmittags kam der Fliesenleger in mein Büro, setzte sich mir gegenüber an den Schreibtisch und begann, die Rechnung zu schreiben. Ich war bereit und warf mit der Entschlossenheit eines wildgewordenen Stiers einen kurzen Blick zu meiner Frau hinüber. Er reichte mir die Rechnung hinüber, zögerte einen Moment und sagte dann: »Vor ein paar Jahren hab' ich zu viel getrunken. Ich war alkoholabhängig und an einem Tiefpunkt in meinem Leben. Meine Familie hätte ich durch den Alkohol beinahe verloren. Ich habe meine Frau und meine Kinder misshandelt, besonders meinen ältesten Sohn. Aber Sie und Ihre Frau haben sich in den kritischsten Momenten seines Lebens, in denen er vor dem Abgrund stand, sehr um ihn gekümmert. Kurz danach bin ich auf Entzug gegangen und seitdem trocken geblieben. Ich habe es Ihnen zu verdanken, dass ich immer noch eine Beziehung zu meinem Sohn habe. Bisher konnte ich Ihnen meinen Dank nie zeigen, aber jetzt ist die Gelegenheit.« Er reichte mir die Rechnung über 350 Dollar; quer darüber stand das Wort »BEZAHLT«. Wir verabschiedeten uns und er ging hinaus.

Beschämt und unfähig, ein Wort herauszubringen, ließ ich mich auf meinen Bürostuhl fallen. Dieser Mann, ein Alkoholiker, der sich an seiner Familie vergangen hatte und kein Vertrauen verdiente, hatte gerade einem arroganten, selbstgerechten Snob gezeigt, was Gnade bedeutet. Ich war zu beschäftigt gewesen, um beim »Großen Abendmahl« zu erscheinen, und er gehörte zu den Leuten, die gekommen waren. Die Gnade Gottes stellt alle gleich. Wir sind alle kaputt und voller Fehler und können keine Verdienste vorweisen. In der Kirche ist kein Platz für Stolz und Selbstgerechtigkeit. Uns allen wurde die Schuld »BEZAHLT«.

Gnade, die sogar Versagern gilt

Es ist schwierig, an Gnade zu glauben. Es ist schwierig, sie anzunehmen. Wir wünschen uns so sehr, an Gottes bedingungslose Liebe glauben zu können; trotzdem stellen wir immerzu neue Bedingungen auf. »Na gut«, sagen wir vielleicht zögernd. »Wir haben Gottes Gnade angenommen, aber jetzt müssen wir uns zusammenreißen. Jetzt müssen wir zeigen, wie erfolgreich wir sind, sonst verdienen wir seine Gnade nicht.« Wir können einfach nicht glauben, dass Gottes Gnade selbst unseren Unzulänglichkeiten und Mängeln gilt.

Vor einigen Jahren fanden in unserer Stadt die High-School-Endausscheidungen in Leichtathletik für ganz Nordkalifornien statt. Jeder Sportler, der an diesen Wettkämpfen teilnahm, hatte mindestens schon einen regionalen Titel gewonnen. Während sich die Mädchen für den 3200-Meter-Lauf (acht Runden) warm liefen, bemerkte ich ein Mädchen, das hinkte. Als ich näher hinsah, erkannte ich, dass ihre Füße merkwürdig nach innen verdreht waren. Ich konnte nicht glauben, dass sie tatsächlich am Rennen teilnehmen würde, und vermutete, sie gehöre zum Organisationsteam und sammle nur die Jogging-Anzüge der anderen Mädchen ein. Eine Glocke ertönte, es wurde Zeit, sich für das Rennen aufzustellen. Doch das Mädchen gehörte nicht zur Organisation; sie ging mit den anderen Mädchen an den Start!

Als der Startschuss kam, lief sie los. Ich dachte, dass sie trotz ihrer Behinderung wenigstens mit den anderen mithalten könnte. Doch nein. Schon nach der ersten Runde lag sie weit zurück, und als alle anderen Läuferinnen im Ziel waren, hatte sie immer noch eine ganze Runde allein vor sich. Als sie in die Zielgerade einlief, konnte ich die Qualen auf ihrem Gesicht erkennen. Jeder Schritt schien ihr unglaubliche Schmerzen zu bereiten, aber sie gab nicht auf.

Ohne es zu merken, waren wir alle von der Tribüne aufgesprungen und feuerten sie an. Als sie an den Tribünen vorbeilief, schwollen die Rufe zu einem ohrenbetäubenden Schreien an. »Hopp! Hopp! Hopp!«, brüllten wir. Schließlich lief sie über die Ziellinie und die Zuschauer begannen, wie wild zu applaudieren.

Dieses Ereignis liegt schon viele Jahre zurück. Bis auf den heutigen Tag weiß ich nicht, wer den 3200-Meter-Lauf tatsächlich gewonnen hat, aber *nie werde ich das Mädchen vergessen, das als Letzte durchs Ziel ging*! (Übrigens habe ich später herausgefunden, warum sie an dem Wettkampf teilnehmen konnte. Sie kam von einer kleinen Provinzschule und war dort die einzige Schülerin, die diese Distanz lief. Die meisten Mädchen mit ihrer Behinderung wären bei einem Wettkampf auf Landesebene gar nicht erst angetreten, aber sie hatte es gewagt, Gott sei Dank.)

Die Gnade Gottes sagt zu Ihnen und zu mir: »Ich kann einen letzten Platz wichtiger machen als einem ersten. Ich brauche Prostituierte, um anderen Menschen etwas über Dankbarkeit beizubringen. Ich brauche Leprakranke, um anderen Menschen etwas über Reinheit zu zeigen. Ich mache aus Männern, die meine Kirche verfolgen, Säulen dieser Kirche. Ich gebe Toten neues Leben. Ich mache aus ungebildeten Fischern Menschenfischer.«

Gottes Gnade ist nicht dazu da, um uns erfolgreich zu machen, sondern um anderen Menschen eine Liebe vor Augen zu führen, wie sie sie noch nie erlebt haben. Eine Liebe, die keine Grenzen kennt.

Gnade, die Außenseiter einschließt

Und die Stimmen beginnen von neuem: »Gut, stimmt, ich bin ja froh, dass Gottes Liebe keine Grenzen kennt – darum hat sie mich auch erreicht. Aber das mit der Gnade – wie soll das funktionieren? Also, vielleicht kann ich's glauben, aber was dann?« Wenn man mit einer grenzenlosen Liebe geliebt wird, verändern sich plötzlich auch die Grenzen des eigenen Lebens. Dazu möchte ich folgendes Beispiel erzählen:

Für kalifornische Verhältnisse ist meine Heimatstadt eher klein, wir haben nur eine Ampel und 6000 Einwohner. Eines Sonntagmorgens hielt ich eine Predigt über die bedingungslose Liebe Gottes, eine Liebe, die alle Grenzen und somit auch die Grenzen der christlichen Gemeinde sprengt. Meine Gemeinde unterscheidet sich von den meisten anderen Gemeinden dadurch, dass die Gottesdienstbesucher die Freiheit haben, mich in meiner Predigt zu unterbrechen.

Gerade als ich die Schlussworte sprach, sagte ein sechzehnjähriges Mädchen: »Herr Pastor, das war wirklich 'ne gute Predigt, und ich hab' auch 'ne Idee, wie wir diese grenzenlose Liebe umsetzen können. In drei Wochen findet hier ein Jahrmarkt statt, und da kommen auch die ›Carnies‹ wieder.«

»Carnies«, von »carnival« – »Jahrmarkt«, sind Arbeiter, die mit einem Jahrmarkt als Fahrer mitziehen. Jedes Jahr sind diese »Carnies« Stadtgespräch. Die meisten von ihnen sind ziemlich raue, etwas unheimliche Burschen mit vielen Tätowierungen, starken Muskeln und groben Gesichtern. Über sie wird nur abfällig geredet.

Das Mädchen fuhr fort: »Ich hab' mir gedacht, wir könnten die ›Carnies‹ mit einer Einladung zum Essen in unserer Stadt willkommen heißen, statt uns über sie lustig zu machen.«

Die Gemeinde war einverstanden und das Mädchen übernahm es, die Sache zu organisieren. Sie holte die telefonische Erlaubnis des Veranstalters ein und rief den Eigentümer des mobilen Vergnügungsparks an, um zu erfragen, ob die Arbeiter eine Einladung annehmen würden. Der Eigentümer schlug ein Mittagessen vor Beginn des Jahrmarkts vor. »In Ordnung«, kam die Antwort. »Es gibt Hamburger, Cheesburger, Salate, Süßspeisen und alkoholfreie Getränke – so viel, wie sie essen können. Wie viele Leute werden etwa kommen?« Nach kurzem Nachdenken meinte der Eigentümer, sie könne mit fünfzig Personen rechnen.

Am Tag der Einladung kamen ungefähr zwanzig Gemeindemitglieder, um bei der Ausgabe des Essens zu helfen. Für etwa siebzig Gäste war ausreichend gesorgt. Um halb eins, als das Essen losgehen sollte, waren erst vier Arbeiter erschienen. Um halb zwei hatten wir jedoch nicht nur fünzig, nicht fünfundsiebzig und auch nicht einhundertfünfzig Gäste zu versorgen – *zweihundert* Arbeiter waren gekommen. Als das Essen knapp zu werden drohte, kam das Mädchen zu mir gelaufen und sagte: »Das Essen geht uns aus! Bitte holen Sie noch mehr!« Also besorgten wir noch mehr.

Nach dem Essen gingen viele der Arbeiter auf das Mädchen zu und bedankten sich bei ihr. Eine ältere Frau, die schon seit vielen Jahren auf Jahrmärkten arbeitete, sagte: »Seit vierzig Jahren bin ich in diesem Geschäft, aber dies ist das erste Mal, dass ich in einer Stadt willkommen geheißen werde.«

Seit sieben Jahren veranstalten wir jetzt dieses Essen für die Jahrmarkt-Arbeiter, und alles nur, weil ein Mädchen naiv genug war zu glauben, Gott liebe eine Gruppe von »Carnies« genauso, wie er sie liebt.

Naive Gnade ist die Liebe, die jeden einschließen will, anstatt den einen oder anderen auszusortieren. Jesus Christus war »naiv« genug, alle Menschen zu lieben. Sogar Ehebrecher. Als die Pharisäer und religiösen Führer eine Frau beim Ehebruch ertappt hatten, schleppten sie sie zu Jesus und demütigten sie vor der ganzen Menschenmenge. Die Frau war nur eine Marionette in der Hand der Männer, die Jesus in Verruf bringen wollten. Die Frau selbst war ihnen völlig egal; es ging diesen Männern nur darum, ihre Macht im Volk zu festigen. »Na dann, Jesus«, forderten sie ihn arrogant heraus. »Was sollen wir mit dieser Frau tun? Mose und die Gesetze lehren, sie zu steinigen. Was sagst du?«

Jesus ließ keinen Zweifel an der Sünde, er tolerierte Ehebruch bestimmt nicht, aber zum Glück ließ er auch keinen Zweifel an seiner Gnade. Er sagte nur einen Satz: »Wer von euch ohne Sünde ist, der werfe den ersten Stein.«

Ein Ankläger nach dem anderen ließ von der Frau ab. Auch Jesus hielt ihr keine Strafpredigt. Warum wies er sie nicht zurecht? Warum machte er ihr nicht deutlich, dass ihr Lebensstil ihren Untergang bedeuten würde? Warum hielt er ihr nicht die Bibelstellen vor, gegen die sie verstoßen hatte? Diese Frau wusste, was Verurteilung und Verdammung bedeutete. Sie kannte die Schrift und wusste, welche traurigen Konsequenzen ihr Lebensstil zur Folge haben würde; *aber sie wusste nichts über Gnade.* Jesus stellte ihr eine skandalöse Gnade vor Augen und sagte ihr dann: »Sündige hinfort nicht mehr.«

Ich liebe diese Geschichte und mische mich in Gedanken als Beobachter unter die Menschenmenge, die im Vorhof des Tempels zusammengeströmt ist.

Eine Steinigung kann ich nicht mit ansehen. Zu viele habe ich schon erlebt, aber dieser Jesus zieht mich irgendwie an. Ich stelle mich in seine Nähe und sehe zu, wie einer nach dem anderen von der Frau weggeht, bis sie nur noch allein dort steht. Nie werde ich den Ausdruck auf ihrem Gesicht vergessen – verschlossen, leer, ohne Widerstand. Es ist deutlich, dass sie aufgegeben hat, ihre Schultern hängen herunter, sie wirkt alt, und auf ihrem Gesicht haben sich tiefe Furchen des Schmerzes eingegraben. Dieses Erlebnis kann sie nicht mehr demütigen. Zu oft hat sie Demütigung und Verachtung von Männern erfahren. Eigentlich besteht ihr ganzes Leben daraus. Missbraucht zu werden ist ihr Schicksal, ihr Los.

Ich beobachte sie, wie sie dort steht, die Zeit scheint sich ewig zu dehnen. Es ist so still, dass es in den Ohren weh tut, man kann tatsächlich die Schritte derer hören, die weggehen. Dann steht sie nur noch vor Jesus. Eine unglaubliche Spannung liegt in der Luft. Er hat sich während des ganzen Geschehens hingekniet und etwas mit dem Finger in den Sand geschrieben. Sie blickt starr geradeaus, ignoriert ihn wie uns alle, aber als niemand mehr da ist, sehe ich, wie sie ganz leicht den Kopf erst nach links, dann nach rechts dreht. Als sie merkt, dass sie allein ist, breitet sich ein ungläubiges Staunen auf ihrem Gesicht aus. Sie kann es nicht glauben! Alle ihre Ankläger sind weg! Es scheint, als würden die Falten auf ihrem Gesicht plötzlich verschwinden. Ihre Augen sind nicht mehr trüb und farblos, sie scheinen in der heißen Sonne aufzublitzen. Sie sieht Jesus zum ersten Mal an, versucht, ihn ganz zu erkennen und zu verstehen, was für ein merkwürdiger Mensch dort vor ihr steht, der sich verhält, wie sie es noch nie von einem Mann erlebt hat. Er sagt etwas zu ihr, was, kann ich nicht verstehen, aber ich sehe die Tränen. Zuerst sind es nur ein paar, aber dann scheint ihr Gesicht in der Trauer über ihr Leben zu ertrinken. Sie weint lange, als würde sich ihre Seele selbst reinigen.

Jesus sieht sie an, betrachtet intensiv ihr tränenüberströmtes Gesicht. Sie steht jetzt viel aufrechter, ihre Schultern sind gestrafft und erstarkt. Dann beugt er sich zu ihr hinunter und wischt ganz zart und sanft die Tränen von ihrem Gesicht. Sie hört auf zu weinen. Er nimmt ihr Gesicht in beide Hände, küßt sie auf die Stirn. Lange hält er ihr Gesicht in seinen Händen und es ist, als ob er in ihr Herz, in ihre mit vielen Narben bedeckte Seele blicken würde. Er scheint ihre Seele zu heilen und alle Sünden mit seinem Blick fortzunehmen. Dann, plötzlich, lässt er ihr Gesicht los, will gehen, dreht sich noch einmal um und . . . *zwinkert ihr zu.*

Die Gnade Gottes ist unterschiedslos, unrealistisch, weltfremd, verrückt und naiv. Wenn Gott nicht aufpasst, glauben Menschen wie Sie und ich tatsächlich, Jesus Christus zwinkere uns zu . . . wie einem Kind.

Kindlicher Glaube
oder: Zur Ursprünglichkeit zurückfinden

»Lasst die Kinder zu mir kommen und hindert sie nicht, denn gerade für Menschen wie sie steht Gottes neue Welt offen. Täuscht euch nicht: Wer sich der Liebe Gottes nicht wie ein Kind öffnet, wird sie niemals erfahren.«
(Lukas 18,16-17)

»Du sorgst dafür, dass sogar Unmündige und Kinder dich preisen.«
(Matthäus 21,16)

Ich weiß nicht mehr, wie alt ich war, aber ich erinnere mich noch, wie ich am Abend vor Weihnachten einen langen Brief an den Weihnachtsmann schrieb und ihm noch ein paar Kekse und etwas Milch dazustellte. Ich hasste den Abend vor Weihnachten. Für mich war es der längste Tag und die längste Nacht im Jahr und eindeutig eine gemeine Verschwörung der Erwachsenen, um Weihnachten noch etwas hinauszuzögern. Ich ging früh ins Bett, wachte aber alle paar Minuten auf, lauschte, ob ich den Weihnachtsmann vielleicht kommen hörte, und überlegte, ob ich ins Wohnzimmer gehen und nachschauen sollte, ob der lustige alte Mann meine Geschenke schon gebracht hätte.

Als sich die ersten Lichtstrahlen des nächsten Tages in mein Zimmer verirrten, wachte ich wegen eines sehr merkwürdigen Geräusches auf, das aus dem Wohnzimmer zu kommen schien. Ich setzte mich in meinem Bett auf und überlegte, was das sein könnte. Diese Geräusche hatte ich schon einmal gehört! Und dann wusste ich es. Ich sprang aus dem Bett und rannte ins Wohnzimmer. *Es war eine elektrische Eisenbahn!* Meine Mama und mein Papa saßen daneben und warteten gespannt auf mein überraschtes Gesicht. Sie wurden nicht enttäuscht. Einen Moment lang stand ich wie erstarrt, meine Augen weiteten sich, um alles aufzunehmen, was sie sahen, in meinem Gesicht zuckte es und dann, noch bevor ich wusste, wie, öffnete sich mein Mund und ich rief: *»Eine Eisenbahn! Eine EISEN-BAHN!«*

Ich rannte zum Führerstand, an dem mein Vater saß, und wollte mich auf den Trafo stürzen. Da riefen meine Mutter und mein Vater gleichzeitig: »Halt!«

Verwirrt blieb ich stehen. Meine Eltern erklärten mir, wie empfindlich eine elektrische Eisenbahn sei und dass man sie nur mit größter Vorsicht bedienen könne. Schnell musste ich feststellen, wie kompliziert alles war. Jedesmal, wenn ich den Trafo bediente, wurden meine Eltern nervös und störten meine Versuche als Lokführer mit ihren Ermahnungen: »Langsam! Achtung, aufpassen, eine Kurve! Vorsichtig!«

Später am Tag bekamen wir Besuch von unseren Verwandten und Nachbarn und die elektrische Eisenbahn wurde der Schlager unter den Erwachsenen. Alle Männer drängten sich um den Trafo und hatten den größten Spaß ihres Lebens, als sie mit meinem Zug spielten. Ich versuchte, mich zwischen sie zu quetschen, damit ich auch mitspielen konnte, aber das schien niemanden zu kümmern.

Was macht ein Vier- oder Fünfjähriger, wenn er zusehen muss, wie seine elektrische Eisenbahn von seinem Vater und all seinen Verwandten in Beschlag genommen wird? Ich tat, was ich tun musste. Ich rief bei der Polizei an!

Entschieden schritt ich zum Telefon und bat das Telefonfräulein (in den USA gab es damals noch keine Direktverbindungen), mich mit einem Polizisten zu verbinden, weil ich die Entführung einer elektrischen Eisenbahn melden wollte. Als mein Vater das merkte, lachte er, erklärte dem Telefonfräulein die Situation und bat anschließend alle »Entführer«, mich wieder an meine elektrische Eisenbahn zu lassen.

Nachdem Sie sich durch dieses Buch gearbeitet haben, denken Sie vielleicht jetzt: »Ja! Genau! Ich will meinen kindlichen Glauben auch wieder entdecken. Ich will den Ort finden, an dem Leidenschaft, Neugier, Staunen und Gnade wohnen. Ich bin bereit, mein Leben mit rückhaltloser Hingabe zu leben, ich bin bereit, auf die feine Stille Gottes zu hören und wieder zu spielen.«

Aber sofort werden die Stimmen der Verantwortung und der Vorausschau laut: *»Halt! Langsam! Sei vorsichtig!«* Und schon schießen die stumpfsinnigen Worte der Vernunft durch Ihren Kopf: *»Undurchführbar, leichtsinnig, unverantwortlich, realitätsfern, absurd.«* Diese Worte versuchen, das Leben zu verhindern, nach dem Sie sich schon immer sehnen, und Ihnen die Freude zu stehlen, die Sie erleben wollen. Doch Jesus steht auf der anderen Seite. Er verscheucht alle kritischen und zerstörerischen Gedanken und sagt: »Versuch's!«

Zwar gibt es kein Rezept, wie Sie Ihre Kindheit zurückerobern können. Dorthin zurückzufinden wird nicht einfach sein, aber ich möchte Ihnen ein paar ermutigende Ratschläge mitgeben, wenn die »Traumdiebe« Sie von Ihrem Weg abbringen wollen.

Beten wie ein Kind

Beten war einfach, als wir noch Kinder waren. Keine Hemmungen, keine Regeln, keine Klischees und keine korrekten Formulierungen; wir beteten einfach, was uns in den Sinn kam. Ein Kindergebet, das ich mit am liebsten mag, lautet so:

> Lieber Jesus,
> ich danke dir, dass du jeden Karfreitag für uns am Kreuz stirbst.
> Du musst wirklich froh sein, wenn das Wochenende wieder vorbei ist.
> Danke.
> Anita (11 Jahre)

Kinder sagen Gott, was sie denken. Sie sind einfach, ehrlich und direkt. Wenn es ihnen jemand vormacht, verstehen sie, dass Gott sie hört und dass Gebet sehr wichtig ist. Wenn wir erwachsen werden, verblasst für uns die Bedeutung des Gebets. Wenn Sie und ich wieder wie Kinder werden wollen, dürfen wir das Gebet nicht vergessen.

Vor zwei Jahren war Billy Graham in Sacramento in Kalifornien, um dort eine Evangelisation durchzuführen. Am Vorabend der Veranstaltung dauerten die Chorproben bis spät in die Nacht. Einer der Chorsänger fuhr danach durch die Stadt nach Hause und bemerkte, wie vor einem Regierungsgebäude ein Mann auf die Stufen sank. Es war kalt, beinahe Mitternacht und nicht gerade ein sicherer Ort. Der Chorsänger kam zu dem Schluss, dass er die Notlage dieses armen Obdachlosen nicht einfach ignorieren konnte. Nervös näherte er sich dem Unbekannten, weil er nicht wusste, was ihn erwarten würde.

Der Obdachlose saß zusammengekauert auf den Stufen. Das Chormitglied berührte seine Schulter. »Sir, kann ich Ihnen helfen? Ist alles in Ordnung?«

Der Mann sah hoch. Es war Billy Graham! Er betete für die Stadt Sacramento.

Billy Graham ist überall auf der Welt berühmt, aber er weiß trotzdem noch, wo die Kraft seiner Einsätze liegt – in den Momenten, in denen er zu seinem Herrn betet. In unserem Land, wo Fernseh-Evangelisten in glitzernden Anzügen und goldenen Halsketten auftreten, mit raffinierten Methoden an Spenden kommen und sich in schweren Limousinen und Privatflugzeugen fortbewegen, ist es schön zu wissen, dass ein Evangelist immer noch auf die stille, unspektakuläre Kraft des Gebets vertraut.

Sich nicht vom Vokabular eines Erwachsenen eingrenzen lassen

Kleine Kinder haben kein großes Vokabular an Wörtern, aber darüber hinaus stehen ihnen beinahe unbegrenzte, non-verbale Ausdrucksmöglichkeiten zur Verfügung. Dazu gehören Zärtlichkeiten, Umarmungen, Augenzwinkern, Weinen, Lachen, Schreien, Hüpfen, Springen, Tanzen und Schweigen. Wenn Sie und ich wie ein Kind werden wollen, müssen wir uns an dieses Vokabular erinnern.

Einer meiner älteren Freunde saß im Krankenhaus bei einem seiner Kinder, das an Krebs erkrankt war und im Sterben lag. Während dieser letzten Tage mit seinem Sohn wurde mein Freund ständig von wohlmeinenden christlichen Freunden gestört, die ihren Rat, ihre Hilfe, ihr Gebet, Bücher und Kassetten anboten. Obwohl mein Freund wusste, dass alle diese Menschen ihm nur helfen wollten, konnte er es doch kaum erwarten, bis sie ihn wieder allein ließen.

An einem Abend betrat zu später Stunde ein fünfzigjähriger Bauarbeiter das Zimmer. Ein Jahr zuvor hatte er durch einen tragischen Verkehrsunfall einen Sohn verloren. Er holte sich einen Stuhl, setzte sich, nahm die Hand meines Freundes und schwieg. Mein Freund erzählte mir später, wie gut ihm die Gegenwart dieses Mannes getan hatte. Sein Schweigen hatte eine heilende, stärkende und mutmachende Wirkung, und das war genug! Dieser Bauarbeiter kannte noch die Sprache der Kinder. Er wusste, was sein Freund brauchte: Hilfe ohne Worte.

Wenn wir größer werden und unser Wortschatz sich vergrößert, vergessen wir das Vokabular unserer Kindheit, aber selbst wenn wir längst erwachsen sind, kann sich unser Herz manchmal noch daran erinnern.

Zu seiner Hochzeit bat unser ältester Sohn seinen jüngeren Bruder, sein »best man« (das männliche Pendant zur Brautjungfer) zu sein. Zu den Aufgaben des »best man« gehört es, nach der Trauung auf dem Empfang einen Toast auf den frischgebackenen Ehemann auszubringen. Trent hatte sehr viel Mühe und Zeit darauf verwendet, eine kurze Rede für seinen Bruder zu schreiben, die ihre gegenseitige Freundschaft und Liebe zum Ausdruck bringen sollte. Als während des Empfangs die Zeit dafür gekommen war, trat Trent ans Mikrophon.

Doch es kam zu keiner Ehrenrede – das heißt zu keiner *verbalen* Ehrenbezeugung. Jedes Mal, wenn Trent ansetzte, um seine vorbereiteten Worte zu sagen, wurde er von Gefühlen überwältigt und konnte kein Wort herausbringen. Ununterbrochen liefen ihm die Tränen über das Gesicht. Schließlich, nach mehreren vergeblichen Versuchen, hob er sein Glas und sagte: »Auf meinen Bruder!«

Trent war sehr enttäuscht, dass er es nicht geschafft hatte, die Worte zu sagen, die ihm so wichtig gewesen waren.

Ich habe oft über diesen Abend nachgedacht und meine Schlussfolgerung war immer dieselbe. Mit seinem Schweigen hat Trent mehr über die Bewunderung für seinen Bruder gesagt, als er es mit Worten hätte tun können. Seine Unfähigkeit zu sprechen ließ uns die Liebe zu seinem Bruder spüren. Seine Tränen sagten uns mehr, als es seine Stimme hätte tun können.

Haben Sie keine Angst davor, den kindlichen »Wortschatz« anstelle des Vokabulars eines Erwachsenen zu benutzen.

Um Hilfe bitten

Kindern macht es nichts aus, um Hilfe zu bitten. Sie geben ohne Probleme zu, wenn ihnen etwas über den Kopf wächst. Kinder zeigen mit ihrer Bitte um Hilfe gern ihre Abhängigkeit von Menschen, die sie lieben. Wir Erwachsene dagegen haben Angst, andere um Hilfe zu bitten. Nur sehr zögernd geben wir zu, wenn wir in Schwierigkeiten stecken. Die Bitte um Hilfe gleicht einer Demütigung; sie ist der Ausdruck von Hilflosigkkeit und Schwäche und wir haben keine Lust, uns dieser beschämenden Erfahrung auszusetzen.

Eine sehr entschlossene junge Frau, mit der ich gut befreundet bin, verbrachte mit ihrem Ehemann anlässlich ihres zehnten Hochzeitstages eine Woche auf Hawaii. Ich kenne sie nur als sehr selbstständige, erfolgreiche Geschäftsfrau. Sie hat schon eine ganze Reihe von Hindernissen in ihrem Leben überwunden, ohne auf die Hilfe oder den Rat anderer zurückgreifen zu müssen.

Eines Nachmittags, als sie und ihr Mann länger am Strand gelegen hatten, sprang sie wieder ins Wasser, um etwas Abkühlung zu suchen. Sie hatte an dem Tag schon geschnorchelt und nahm auch dieses Mal ihre Tauchermaske mit. Doch weil sie nicht ernsthaft tauchen wollte, ließ sie ihre Flossen am Strand. Während sie untertauchte und sich erfrischte, zog die Unterwasserwelt sie in Bann. Ein Schwarm seltener bunter Fische verlockte sie, immer weiter zu schwimmen und nicht darauf zu achten, wie weit sie sich vom Ufer entfernte. Als sie schließlich auftauchte, merkte sie, dass sie in eine Strömung geraten war, die sie vom Land wegtrieb. Das Ufer war zu ihrer Überraschung schon weit entfernt. Sofort erkannte sie den Ernst ihrer Lage und begann mit allen Kräften, Richtung Ufer zu schwimmen.

Aber mit jeder Bewegung schien sie sich nur weiter vom Ufer zu entfernen. Sie schwamm noch kräftiger. Doch es nützte nichts. Entschlossen verstärkte sie ihre Anstrengungen. Sie wollte nicht aufgeben, die Strömung sollte sie nicht bezwingen, mit ihrem starken Willen wollte sie die Oberhand behalten. Doch gegen Wind und Strömung kam sie nicht an. Als ihre Kräfte nachließen, wurde ihr erschreckend klar, dass sie kurz davor war zu ertrinken.

In ihrer Verzweiflung begann sie wild mit den Armen zu winken und um Hilfe zu schreien. Selbst das war schwierig. Als sie schon nahe daran war aufzugeben, hörte glücklicherweise die Küstenwache sie und erreichte sie gerade noch rechtzeitig. Sie war völlig erschöpft und als sie am Strand lag, konnte sie sich nicht mehr bewegen. Es dauerte fast eine Stunde, bis sie wieder genug Kraft hatte, um sich aufzusetzen. Nachdem sie mir die Geschichte erzählte hatte, sagte sie leise: »Mike, weißt du eigentlich, wie schwer es ist, um Hilfe zu bitten?«

Es ist schwer, um Hilfe zu bitten. Kindlicher Glaube ist nicht für Menschen, die ein bisschen Hilfe brauchen, er ist für Menschen, die verzweifelt und am Ende ihrer Kräfte sind; für Menschen, die nicht zu stolz sind, hilflos mit den Armen zu winken und zuzugeben, dass sie fast ertrinken.

Glaube hat nichts mit religiös-positivem Denken zu tun. Er ist kein Seminar für besseres Engagement, neue Motivation oder stärkeres Image. Glaube ist für die Hilflosen. Aus ihm wächst eine demütige Haltung. Wir kommen nicht zum Glauben, wenn wir nur den zusätzlichen Schwung suchen, der uns über den nächsten Hügel trägt. Wir erfahren ihn erst dann, wenn wir schwach, erschöpft und nahe am Aufgeben sind. Glaube ist mehr als Aufgeben – er bedeutet Hingabe.

Wollen wir kindlichen Glauben erfahren, müssen wir bereit sein, unsere Hilflosigkeit einzugestehen.

Unsere Gewöhnlichkeit annehmen

Für Kinder ist das Gewöhnliche genauso spannend wie das Außergewöhnliche. Sie können von einer Fliege auf dem Fenstersims genauso fasziniert sein wie vom Raumschiff Discovery. Andererseits: Was einem Kind in einer Minute ungeheuer interessant erscheint, kann in der nächsten schon langweilig sein. Anders ausgedrückt haben Kinder einen »eingebauten« Mechanismus, der die Realität immer in die richtige Perspektive rückt. Sie lassen sich weder durch Außerordentliches übermäßig beeindrucken, noch bleiben sie durch Alltägliches unbeeindruckt. So lässt uns auch der Glaube im Gewöhnlichen das Außergewöhnliche entdecken.

Vor einem Jahr fuhr ich nach Kanada, um dort an einem Jugendkongress teilzunehmen. Ich war nur drei Tage dort, doch wie gewöhnlich nahm ich mir für diese kurze Zeit viel mehr vor, als ich eigentlich schaffen konnte. Ich hielt drei Vorträge, besuchte mehrere Schulklassen, ging mit einem jungen Ehepaar, das sich in der Jugendarbeit engagieren wollte, zum Essen, fuhr einen Nachmittag in die Berge bei Vancouver und besuchte dort ein Kloster.

Die Vesper, das liturgische Gebet am Spätnachmittag, sollte um fünf Uhr beginnen, und weil ich spät dran war, brauste ich mit dem Auto los was das Zeug hielt. Als ich am Kloster ankam, hatte die Vesper bereits begonnen. Ungefähr zwanzig Mönche nahmen daran teil und ich erwartete, die Gegenwart Gottes in besonderer Weise zu erleben. In meinem chaotischen Leben hatte ich eine solche Erfahrung dringend nötig. Verzweifelt sehnte ich mich nach der lebendigen Quelle, die in der Stille und der Anbetung zu finden ist. Mein geschäftiger Alltag ließ mir keine Zeit mehr Atem zu schöpfen und ich wünschte mir, Gottes Atem zu spüren. Vielleicht konnte mich diese eine Stunde wieder mit Gottes erquickender Kraft in Verbingung bringen.

Ich wurde sehr enttäuscht. Anstatt von ruhigen, konzentrierten, gottesfürchtigen Männern in die Anbetung hineingenommen und durch ihre bloße Ausstrahlung und Gegenwart zu den Füßen Gottes geführt zu werden, traf ich auf zwanzig offensichtlich müde, gelangweilte, mürrische und zerstreut wirkende Mönche. Die jüngeren schienen sich noch etwas mehr zu bemühen, aber auch sie warteten, von der täglichen Routine gelangweilt, nur ungeduldig auf das Ende des Gebetes. Diese Männer waren weder besonders geisterfüllt noch besonders gottesfürchtig, sie waren mit allzu menschlichen Fehlern behaftet und hatten offensichtlich keinen »guten Tag im Herrn«.

Erst ein Jahr später begann ich zu verstehen, welches Geschenk mir diese Mönche gemacht hatten. Ich hatte mir von ihnen einen guten Schuss Frömmigkeit erwartet, doch stattdessen einen Schuss Realität erhalten. Ich hatte eine »besondere« Heiligkeit erhofft, doch stattdessen »echte« Heilige getroffen, Menschen, die auch langweilige, schlechte Tage erleben können. Schlechte Laune, Überempfindlichkeiten, Missmut und Kleinkariertheit gehören genauso zu Mönchen wie zu uns. Stille und Einsamkeit sind kein sofortiges Heilmittel gegen Geschäftigkeit. Sie sind nur durch lebenslange Hingabe in unserer realen Welt der alltäglichen Pflichten und unvollkommenen Menschen hin und wieder zu finden. Mönche müssen sich zwar nicht mit Fernsehen und vollen Terminkalendern herumschlagen, aber dafür mit anderen Mönchen. Sie müssen mit Langeweile, Einsamkeit, Unsicherheit über sich selbst und der Frage nach dem Lebenssinn zurechtkommen. Anders ausgedrückt müssen sie sich mit denselben Fragen auseinandersetzen wie wir.

Diese »gewöhnlichen Heiligen« haben mir Mut gemacht. Kindlicher Glaube ist für gewöhnliche Leute. Für Menschen wie Sie und ich, die ihre Fehler nur zu gut kennen. Unsere Unzulänglichkeiten und Unheiligkeiten sind uns vertraut und wir verstehen die gute Nachricht des Evangeliums – Jesus Christus befreit uns vom Druck unserer Gewöhnlichkeit und erlaubt uns darauf zu vertrauen, dass Gott etwas Besonderes in unser Leben bringen kann.

Einfach weiterspielen

Über den polnischen Pianisten, Komponisten und Politiker Ignacy Jan Paderewski erzählt man sich eine wunderbare Geschichte. Ein Konzert, das er in New York geben wollte, war schon sechs Monate vorher ausverkauft. Am Abend der Veranstaltung erschienen die Besucher durchweg in Abendkleid und Smoking. Eine Mutter brachte ihren neun Jahre alten Sohn mit, der keine Lust mehr an seinen Klavierstunden zeigte, weil sie hoffte, dass das Spiel dieses großartigen Pianisten seine Motivation zum Üben steigern würde.

Man kann zwar einen Neunjährigen in einen Smoking stecken, trotzdem bleibt er ein Kind. Rastlos und ungeduldig stand der Junge immer wieder auf und ging zur Toilette, sehr zum Ärger der neben ihm sitzenden Konzertbesucher. Schließlich wurde es der Mutter zu dumm, sie packte ihren Sohn bei den Schultern und drückte ihn fest auf seinen Platz. »Bleib endlich sitzen und steh ja nicht mehr auf!«, sagte sie streng. Doch schon ein paar Minuten später, als die Mutter durch ihren Nachbarn abgelenkt war, schlüpfte der Junge hinaus auf den Gang. Die Mutter drehte sich um und sah, wie ihr Sohn geradewegs auf die Bühne zuschritt, wo ein großer Steinway-Flügel stand. In ihrer Panik rief sie ihm zu, sofort zurückzukommen. Erschreckt tat der Junge genau das Gegenteil: Er lief zur Bühne, hastete die Treppe hinauf, setzte sich an den Flügel und begann, den »Flohwalzer« zu spielen. Die Leute im Publikum waren wütend.

»Holen Sie das Kind von der Bühne!«

»Das ist ja unerhört!«

»Was tut denn dieser Bursche da oben!«

Als die aufgeschreckten Saalordner auf den Jungen zugingen, hatte auch Paderewski in seiner Garderobe die Unruhe bemerkt und sah hinaus. Er erblickte den Jungen, der den Flohwalzer spielte. Schnell holte er seine Smoking-Jacke, zog sie an und trat hinaus auf die offene Bühne. Sofort legte sich eine Stille über den Saal. Alle fragten sich, was der große Pianist wohl tun würde. Der Junge, der von der Veränderung nichts bemerkt hatte, spielte einfach weiter.

Paderewski trat von hinten an ihn heran, beugte sich neben ihn und flüsterte: »Hör nicht auf zu spielen. Mach weiter. Du spielst toll.« Und während der Junge weiterspielte, legte ihm der Pianist seinen Arm um die Schultern und begann, ein Konzertstück zu der Melodie des Flohwalzers zu improvisieren. Die ganze Zeit über, während sie spielten, sagte er immer wieder zu dem Jungen: »Spiel einfach weiter.«

Wenn Sie auf Ihr Leben blicken und darüber nachdenken, welchen Sinn Ihr fehlerhaftes, unbedeutendes Leben hat, und sich fragen, ob Sie zu einem kindlichen Glauben zurückfinden können, hoffe ich, dass Sie beim Lesen dieses Buches Gottes leise Stimme vernommen haben: »Hör nicht auf. Spiel einfach weiter. Du machst es toll.«

Eines Tages werden wir in dem großen »Konzertsaal« Gottes sitzen und das herrliche, wunderbare Konzert hören, das Gott erklingen ließ, während Sie und ich, kindlich und stümperhaft, unsere Version des Flohwalzers spielten.

ANMERKUNGEN

[1] A.W. Tozer, *The Knowledge of the Holy,* Harper and Row, New York 1961, S. 26

[2] Mit »ruinieren« meine ich ein heiliges Zerbrechen, wenn Jesus mein Leben scheinbar auf den Kopf und damit in Wirklichkeit auf die Füße stellt.

[3] Frederick Buechner, *The Hungering Dark,* Seabury Press, New York 1969, S. 29

[4] Juan Carlos Ortiz schreibt zu Matthäus 6,33 in seinem Buch: *Disciple,* Creation House, Carol Stream, Illinois 1975, S. 23: »Sucht zuerst, was ihr essen werdet, was ihr anziehen werdet, welches Haus ihr kaufen werdet, welches Auto ihr fahren werdet, welche Arbeitsstelle ihr bekommen werdet, wen ihr heiraten werdet – und dann, wenn noch Zeit übrig und es nicht zu unbequem ist, tut bitte etwas fürs Reich Gottes.«

[5] C.S. Lewis, *Der König von Narnia,* Brendow Verlag, Moers, 2. Auflage 1994

[6] Ich habe viele Fragen an Gott. Warum bekam unsere kleine Tochter mit achtzehn Monaten Krebs? Warum hast du mich in deine Gemeinde gerufen, obwohl du mich so gut kennst? Warum kann ich deine Stimme hören und deine Fußspuren sehen, wenn alles gut geht – und in dem Moment, wo etwas schief geht, bist du nirgendwo zu finden?

[7] Lebensentscheidende Fragen wie: Was ist meine Aufgabe? Wo finde ich Sinn? Woher bekomme ich Vergebung? Wie kann ich anderen helfen? Wie kann ich lernen, meine Feinde zu lieben?

[8] Ich kann mir viele Fragen vorstellen, die wir bewahren sollten: Wie ist Gott? Warum gibt es das Böse? Was bedeutet Liebe? Was ist Gerechtigkeit? Was bedeutet Vergebung? usw.

[9] Es war Craig McNair Wilson.

[10] Eugene Peterson, *Living the Message,* Harper Collins, San Francisco 1996, S. 13

[11] John Claypool, *Stories Jesus Still Tells,* McCracken Press, New York 1993, S. 16

[12] Eugene Peterson, *Working the Angles,* Eerdmans, Grand Rapids 1987, S. 10

[13] Sue Monk Kidd, *When the Heart Waits,* Harper Collins, San Francisco 1990, S. 22

[14] Ebenda, S. 28

[15] C.S. Lewis, *Der Ritt nach Narnia,* Brendow Verlag, Moers, 2. Auflage 1995

[16] C.S. Lewis, *Die Reise auf der Morgenröte,* Brendow Verlag, Moers 1994

AUF ATMEN

Zur Ruhe kommen in der Gegenwart Gottes.
Neue Leidenschaft für meinen Glauben entdecken.

... erscheint viermal jährlich mit 104 farbigen Seiten
in wertvoller Aufmachung. Abos (DM 33,– pro Jahr, zzgl.
Versandkosten) sind erhältlich in ihrer Buchhandlung oder bei:

Aufatmen Leserservice · Postfach 4065 · D-58426 Witten

Telefon (0 180) 1 999 000 (deutschlandweit zum Ortstarif)

Telefax (0 23 02) 9 30 93-10 · info@aufatmen.de · www.aufatmen.de

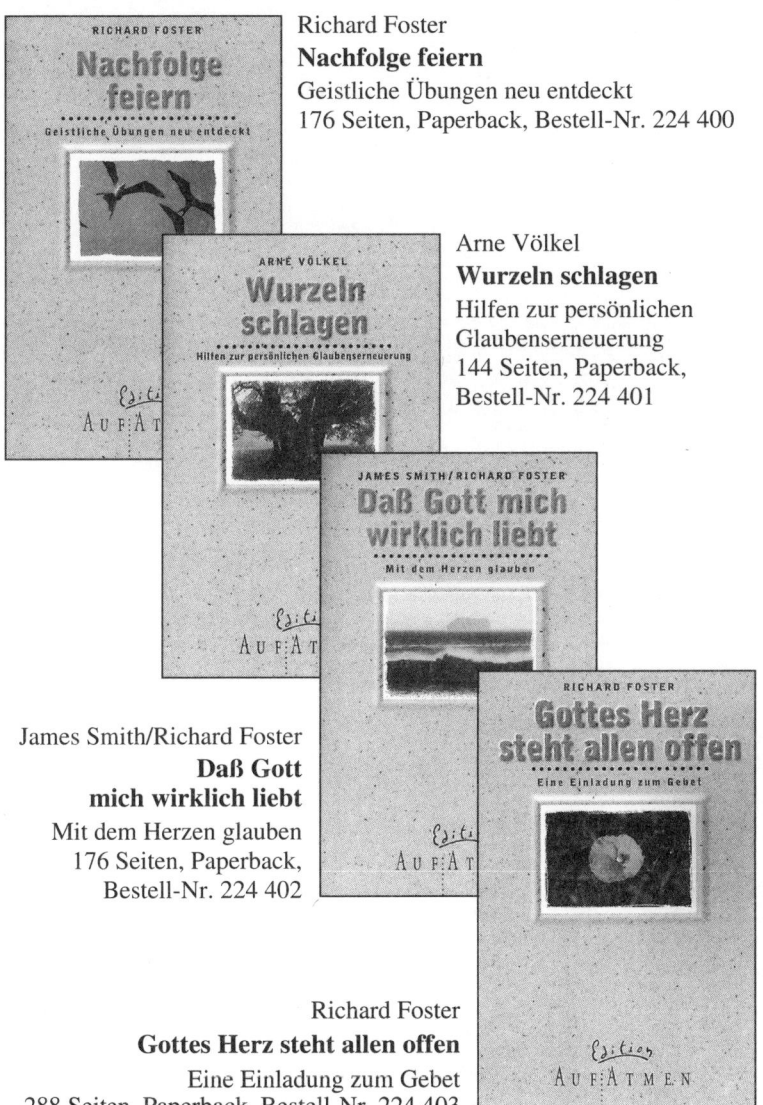

Richard Foster
Nachfolge feiern
Geistliche Übungen neu entdeckt
176 Seiten, Paperback, Bestell-Nr. 224 400

Arne Völkel
Wurzeln schlagen
Hilfen zur persönlichen
Glaubenserneuerung
144 Seiten, Paperback,
Bestell-Nr. 224 401

James Smith/Richard Foster
**Daß Gott
mich wirklich liebt**
Mit dem Herzen glauben
176 Seiten, Paperback,
Bestell-Nr. 224 402

Richard Foster
Gottes Herz steht allen offen
Eine Einladung zum Gebet
288 Seiten, Paperback, Bestell-Nr. 224 403

R. BROCKHAUS VERLAG WUPPERTAL